Técnicas de Reunião
Como promover encontros produtivos

Respeite o direito autoral

OUTROS TÍTULOS DA SÉRIE

Criatividade e Inovação – Como adaptar-se às mudanças
Lygia Carvalho Rocha

Consumidor – Como elaborar o seu perfil
Lygia Carvalho Rocha

Gestão de Projetos – Como estruturar logicamente as ações futuras
Guilherme Pereira Lima

Negociação – Como estabelecer diálogos convincentes
Jorge Dalledonne

Visão Totalizante – Como promover leituras estratégicas do ambiente
Jorge Dalledonne

Inovação Tecnológica – Como garantir a modernidade do negócio
Ronald Carreteiro

Relacionamento Interpessoal – Como preservar o sujeito coletivo
Maria do Carmo Nacif de Carvalho

Processos com Resultados – A busca da melhoria continuada
Antonio Carlos Orofino

Faces da Decisão – Abordagem sistêmica do processo decisório
Maria José Lara de Bretas Pereira e João Gabriel Marques Fonseca

SÉRIE GESTÃO ESTRATÉGICA

Técnicas de Reunião
Como promover encontros produtivos

LEONARDO RIBEIRO FUERTH
Administrador de Empresas
Mestre em Administração

O autor e a editora empenharam-se para citar adequadamente e dar o devido crédito a todos os detentores dos direitos autorais de qualquer material utilizado neste livro, dispondo-se a possíveis acertos caso, inadvertidamente, a identificação de algum deles tenha sido omitida.

Não é responsabilidade da editora nem do autor eventuais danos ou perdas a pessoas ou bens que tenham origem no uso desta publicação.

Direitos exclusivos para a língua portuguesa
Copyright © 2009 by
LTC — Livros Técnicos e Científicos Editora S.A.
Uma editora integrante do GEN | Grupo Editorial Nacional

Reservados todos os direitos. É proibida a duplicação ou reprodução deste volume, no todo ou em parte, sob quaisquer formas ou por quaisquer meios (eletrônico, mecânico, gravação, fotocópia, distribuição na internet ou outros), sem permissão expressa da Editora.

Travessa do Ouvidor, 11
Rio de Janeiro, RJ — CEP 20040-040
Tel.: 21-3970-9480
Fax: 21-2221-3202
ltc@grupogen.com.br
www.ltceditora.com.br

Editoração Eletrônica: ANTHARES

CIP-BRASIL. CATALOGAÇÃO-NA-FONTE
SINDICATO NACIONAL DOS EDITORES DE LIVROS, RJ.

F968t

Fuerth, Leonardo Ribeiro
Técnicas de reunião : como promover encontros produtivos / Leonardo Ribeiro Fuerth. - Rio de Janeiro : LTC, 2009.
(Gestão estratégica)

Anexos
Inclui bibliografia
ISBN 978-85-216-1669-6

1. Reuniões. 2. Reuniões de negócios. I. Título. II. Série.

08-5302.   CDD: 658.456
                                 CDU: 658.012.45

À minha esposa Waléria e aos meus filhos Felipe, Rafael e Nathan, que representam a motivação para este esforço.

Série Gestão Estratégica

APRESENTAÇÃO

Quando idealizamos o desenvolvimento da **Série Gestão Estratégica**, estávamos movidos por um conjunto de constatações extraídas da realidade brasileira, suficientemente consistentes para evidenciar a existência de lacuna no desenvolvimento de novos gestores.

Já há muitos anos militamos junto ao mundo acadêmico e ao sistema produtivo.

Nossas observações foram objeto de registros nos livros que escrevemos, nos artigos veiculados em mídias diversas, nas palestras, congressos e seminários, assim como nas salas de aulas, quando ministrando cursos.

Ratificamos nossas percepções junto aos muitos profissionais que nos cercam e que durante todo o tempo de existência da revista *DECIDIR*, detentora do Prêmio Belmiro Siqueira, veicularam suas idéias nos muitos artigos publicados.

Um pensamento comum conduziu para a articulação lógica de um conjunto de competências que, além de indispensáveis ao desenvolvimento do gestor, garante-lhe um exercício profissional envolvido na necessária fundamentação.

Em cada um dos dez títulos da série existe uma história de vida, rica o suficiente para a construção de uma orientação permeada pela vivência de quem propõe.

Merecer a confiança da LTC representou para todos os envolvidos um coroamento para os bons momentos de dedicação na elaboração dos textos.

Nossa esperança reside na construção de novos profissionais de gestão, comprometidos em agregar, a cada momento profissional, práticas comprovadamente bem-sucedidas.

Conscientes que muitos são os passos da caminhada de um gestor, guardamos a esperança de que a **Série Gestão Estratégica** ofereça confiança para iniciar a trajetória.

Eraldo Montenegro
Coordenador

SOBRE O AUTOR

LEONARDO RIBEIRO FUERTH é administrador graduado em Administração de Empresas e Administração Pública pela Universidade Federal Rural do Rio de Janeiro — UFRRJ; pós-graduado em Gestão Empresarial (MBA) pela Fundação Getulio Vargas e Mestre em Administração pela UFRRJ.

É Superintendente Geral do Conselho Regional de Administração do Estado do Rio de Janeiro; Professor e Assistente da Coordenação Geral do Curso de Administração da Universidade Estácio de Sá/Unesa; membro do Conselho Editorial da Revista da Fabes; consultor da Divulgar Serviços Ltda.

Foi ainda Conselheiro da OLA — Organização Latino-americana de Administração/seção Brasil; Diretor da Escola Superior de Administração de Negócios do Instituto de Administração do Rio de Janeiro (IARJ); Diretor do Sindicato dos Administradores do Estado do Rio de Janeiro (Sintaerj); Conselheiro da Associação Brasileira de Administração (ABRA/RJ) e professor da FGV/Capital Humano, das Faculdades Integradas Anglo-Americano e da Unisuam.

Já ministrou o curso **Técnicas de Reunião** para diversas empresas, dentre elas a CET/Rio, o Sincor-RJ, o IARJ e a Ucam/Nova Friburgo.

PREFÁCIO

A observação não-sistemática sugere que grande parte das reuniões de trabalho apresenta baixo rendimento ou produtividade, o que nos conduziu a investigar esse fenômeno organizacional tão típico de uma forma mais profunda e detalhada.

Assim, este livro foi organizado de modo a conciliar as teorias e as técnicas disponíveis e que contribuem para um melhor preparo dos profissionais envolvidos e comprometidos com melhores resultados organizacionais, tendo as reuniões como preocupação vital.

Desse modo, o presente trabalho traz, inicialmente, algumas características e conceitos em torno do tema central "reuniões", especificando os diferentes entendimentos — racionais e emocionais — que se têm sobre esse fenômeno organizacional.

Em seguida, são salientadas algumas variáveis que afetam ou são afetadas pelas reuniões de trabalho e que, por sua vez, contribuem para o maior ou menor desenvolvimento de uma organização. Assim, nesse sentido, são apresentadas diferentes visões e vieses sobre a comunicação na empresa, a tomada de decisão, as tecnologias da informação e sobre o trabalho em equipe, com destaque para o *groupware*.

A seguir são apresentadas as técnicas de reunião e os cuidados que devem ser considerados no planejamento, preparo, condução, encerramento e acompanhamento das reuniões.

Na conclusão, descrevem-se os resultados de um trabalho de pesquisa desenvolvido em um programa de mestrado e que traça o perfil dos administradores do estado do Rio de Janeiro diante das reuniões de trabalho.

O Autor

AGRADECIMENTOS

A Eraldo Montenegro, pela responsabilidade, apoio e incentivo persistentes.

Aos meus pais, Oswald Emílio e Lívia Glória, e à minha madrinha, Fernanda Ribeiro, pelo esforço com que me educaram para um mundo repleto de desafios e inconstâncias.

Aos meus sogros, Ernando Rocha e Vilma Petniúnas, pelos exemplos de que devemos perseverar para alcançar nossos sonhos.

Aos meus professores, cujos ensinamentos forjaram em mim os sentimentos de ética, justiça e fraternidade.

Aos demais parentes, amigos, colegas e alunos com os quais compartilhamos as experiências de construção de um mundo melhor.

Comentários e Sugestões

Apesar dos melhores esforços do coordenador, do autor, do editor e dos revisores, é inevitável que surjam erros no texto. Assim, são bem-vindas as comunicações de usuários sobre correções ou sugestões referentes ao conteúdo ou ao nível pedagógico que auxiliem o aprimoramento de edições futuras. Encorajamos os comentários dos leitores que podem ser encaminhados à LTC — Livros Técnicos e Científicos Editora S.A., editora integrante do GEN | Grupo Editorial Nacional, no endereço: Travessa do Ouvidor, 11 — Rio de Janeiro, RJ — CEP 20040-040 ou ao endereço eletrônico ltc@grupogen.com.br.

SUMÁRIO

Introdução 1

PARTE I

Entendendo as Reuniões 5

CAPÍTULO 1 *Para que Servem as Reuniões? 7*
1.1 O que nos lembra uma reunião? 9
1.2 Então, por que o preconceito com as reuniões? 10
1.3 A reunião é sempre o melhor caminho? 11

PARTE II

Fatores Endógenos Importantes que Afetam as Reuniões 19

CAPÍTULO 2 *A Comunicação na Empresa 21*

CAPÍTULO 3 *A Tomada de Decisão na Empresa 25*

CAPÍTULO 4 *As Tecnologias da Informação 27*

CAPÍTULO 5 *O Trabalho em Equipe 35*
5.1 O *groupware* 41
5.2 A virtualização das equipes 43

PARTE III

Características Gerais das Reuniões 51

CAPÍTULO 6 *Tipos de Reunião 53*

CAPÍTULO 7 *Objetivos das Reuniões 55*

CAPÍTULO 8 *Nivelamento das Reuniões 57*

CAPÍTULO 9 *Periodicidade das Reuniões 59*

CAPÍTULO 10 *Planejando a Reunião 61*

10.1 A "informação" é boa? 61
10.2 Cuidados que ajudam 62
10.3 Identifique o seu papel 63
10.4 Familiarização prévia com as referências 64
10.5 Administrando expectativas 65
10.6 Defina sua equipe 66
10.7 Estabeleça a estratégia de ação 67
10.8 A sala de reuniões 70

CAPÍTULO **11** *Participando da Reunião 77*
11.1 Se você vai conduzir 78
11.2 Mas e se você for um participante? 92

CAPÍTULO **12** *Fechando a Reunião 101*
12.1 Os registros finais 101

CAPÍTULO **13** *Avaliando a Reunião 103*

CAPÍTULO **14** *Uma Curiosidade... 105*

CAPÍTULO **15** *Conclusão 107*

Reflexão 111

ANEXO **A** *E as Suas Reuniões, Como Vão? 113*

ANEXO **B** *Comunicação Face a Face e Gerências Ganham Espaço 117*

ANEXO **C** *Pesquisa de Campo sobre Reuniões 119*

Bibliografia 147

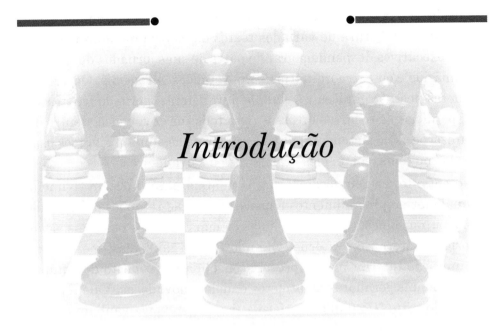

Introdução

Nada mais natural no comportamento do ser humano do que o desejo de estar com seus pares, compartilhar vivências e resultados, discutir idéias e projetos, procurar apoio e ajuda, efetiva ou afetiva. O que nos parece mais apropriado do que nos reunirmos com as pessoas nas quais confiamos? Nada mais lógico, portanto, do que querermos também comparecer a reuniões em que encontraremos pessoas que possuem afinidades conosco, ou que buscam soluções para diversos problemas comuns.

Não poderia ser diferente nas organizações em geral, formais ou informais. As reuniões são fundamentais para o desenvolvimento de qualquer empreendimento. Esperamos, através de reuniões de trabalho, respostas ou soluções para problemas, os mais diversos possíveis, sejam de origem interna ou externa. Via de regra, as reuniões, quando bem organizadas, melhoram a comunicação interna nas empresas, consolidam o espírito de equipe e são excelentes geradoras de projetos e idéias inovadoras.

Muitos são os recursos propostos por autores, gestores e consultores para que o sujeito coletivo de um negócio se concretize efetivamente. Porém é marcante a relativa, mas significante, impassibilidade quanto à necessidade de se aprimorar uma das práticas mais utilizadas para se buscar atingir objetivos comuns dentro do ambiente organizacional: **a reunião de trabalho**.

Verifica-se, por meio da observação rotineira desses ambientes empresariais e da leitura de variados textos da ciência da administração, que os executivos despendem grande parte de suas jornadas de trabalho – ordinárias e/ou extraordinárias – em reuniões gerenciais. Ocorre que inúmeras dessas reuniões revelam-se infrutíferas, gerando frustrações e desperdícios de recursos diversos para todos os envolvidos, dentro das organizações e no sistema produtivo, conforme assinalam diversos especialistas no tema, sejam eles brasileiros ou estrangeiros.

No entanto, as reuniões são fundamentais para o desenvolvimento de qualquer empreendimento. Espera-se, com as reuniões de trabalho, respostas ou soluções para problemas os mais diversos possíveis, sejam de origem interna ou externa. Quando bem organizadas, melhoram a comunicação interna nas empresas, consolidam o espírito de equipe e são excelentes geradoras de projetos e idéias inovadoras. Vale a pena a leitura do texto "Comunicação face a face e gerências ganham espaço" publicado por Rodrigo Cogo na ABERJE (Anexo B) que reforça a tese de que os encontros presenciais ainda são considerados mais significativos do que os virtuais quando se pensa em produtividade e resultados eficazes.

As reuniões promovem uma intervenção – embora certas vezes indesejada – nas rotinas de diversos profissionais e setores das organizações, na esperança de que consensos sejam gerados, a partir dessas reuniões, para a definição da melhor solução ou para a descoberta de novos caminhos, criativos e inovadores, para os mais diferentes negócios.

As organizações se comportam de maneiras diferentes em relação à maior ou menor disposição – ou freqüência – para adotar a prática da reunião de trabalho como um fator estratégico para a consecução dos seus objetivos. Essas diferenças variam em função do tamanho das empresas, das suas especificidades, das suas estruturas hierárquicas, das suas culturas, entre outras variáveis, revelando assim traços significativos e típicos no tocante ao modelo de gestão que cada empresa adota.

Estima-se que os executivos de um modo geral – seja nos Estados Unidos, na Europa ou no Brasil – dedicam até 75% de sua jornada de trabalho a reuniões gerenciais (KAYE, 2002; SILVEIRA NETO, 1994; SNAIR, 2003).

Ora, se um gerente investe 75% de suas 200 horas mensais de trabalho em reuniões, e se apenas 30% desse tempo investido é de fato proveitoso, então isso significa dizer que ao final da semana ele terá desperdiçado 105 horas de seu precioso tempo de trabalho. Nada desprezível quando se discute com cada vez mais intensidade, em seminários, cursos e palestras, as formas com que os empregados – executivos ou não – podem otimizar o 'tempo' despendido em seu ambiente de trabalho.

O tempo que os profissionais de uma forma geral dedicam às reuniões de trabalho em suas empresas tem grande valor na atual conjuntura organizacional e, por que não, para cada profissional, que tem a necessidade de manter sua empresa competitiva. Assim, razoável será que os administradores o utilizem da forma mais parcimoniosa possível.

Não se encontra, ainda, na literatura brasileira disponível, estudo recente que tenha apurado o tempo médio gasto em reuniões gerenciais nas empresas brasileiras, o seu grau de produtividade, freqüência e outras características; e muito pouco se sabe ainda sobre que soluções tecnológicas as empresas brasileiras vêm encontrando para lidar com esse desafio que afeta significativamente os seus processos.

À luz das pesquisas[1] empreendidas nestes últimos anos, não resta dúvida de que os elementos próprios à tarefa constituem um fator de estresse potencialmente importante para os gerentes, como afirma Davel (2005, p. 294, destaque nosso):

> *"[...] Os gerentes entrevistados reclamaram da quantidade de trabalho, da longa jornada de trabalho, da atmosfera em que realizavam sua tarefa – prazo, urgência, pressão, interrupções telefônicas constantes, dificuldade de se concentrar muito tempo em um problema, **grande número de reuniões** – e da redução do tempo destinado ao descanso, ao lazer e à vida privada que isso tudo acarreta."*

Cooper e Arbose (1984) acrescentam que "essa sobrecarga de trabalho e aquilo que dela resulta parecem ser mais característicos dos gerentes de países industrializados do que dos gerentes de países em desenvolvimento" (apud DAVEL, 2005, p. 294).

Quando se pensa em reuniões empresariais, pode-se remeter a diversos outros temas ou variantes que atuam para a maior ou menor produtividade desses encontros: disponibilidade de dados e informações, facilidades nas comunicações internas ou externas, desenvolvimento de

---

[1] Textos e pesquisas desenvolvidos por Cooper e Marshall, 1978; Cooper e Meluish, 1980; Boyd e Gumpert, 1983; Cooper e Arbose, 1984; Sotora, 1985; e Cooper, 2000.

tecnologias, oferta de recursos diversos, estilos de negociação, bom senso, tomada de decisão, ética, cultura e clima organizacional, administração do tempo e de conflitos, competência gerencial, resultados etc.

Verifica-se que o uso intensivo das novas tecnologias da informação vem permitindo mudanças no modo de execução das tarefas mais comezinhas no ambiente organizacional, e isso afeta em cheio as comunicações, a troca de informações e, portanto, as reuniões de trabalho.

Nessa mesma linha, como o fenômeno do emprego de tecnologias, impactando e interagindo com as formas pelas quais as reuniões são realizadas, é observado pelos executivos? Que alternativas tecnológicas as empresas vêm empregando para otimizar o tempo despendido em reuniões e para encontrar soluções mais adequadas e rápidas para as tomadas de decisão grupal? Em que condições o emprego dessas tecnologias tem um efeito favorável no rendimento das reuniões realizadas no ambiente organizacional? Veremos mais adiante.

Assim, é necessária a identificação de determinados aspectos comportamentais e de algumas alternativas tecnológicas que possam socorrer os gestores, proporcionando o desenvolvimento de uma nova cultura nas empresas por meio da utilização racional de ferramentas que otimizem o tempo, a comunicação e as reuniões de trabalho.

Em uma rápida pesquisa em qualquer *browser* na Internet sobre a incidência dos termos "reunião/reuniões de trabalho, empresariais ou de negócios", descobrimos milhões de referências a essas expressões, o que de certa forma mostra a enorme constância e importância das reuniões de trabalho no mundo empresarial de hoje.

Da mesma forma com que um indivíduo deve se preparar para conduzir um seminário, ministrar uma aula ou conferência ou treinar equipes, também é fundamental para o sucesso de uma reunião que a preparação do seu idealizador e dos participantes convidados tenha sido a melhor possível, objetivando garantir os resultados esperados naquele momento e, por conseqüência, a geração de uma expectativa positiva e coletiva de que as decisões ali tomadas serão cumpridas com abnegação, para que o negócio em questão prospere de forma efetiva. Logo, revela-se como necessária a incorporação dos argumentos que garantam a importância das reuniões, para admiti-las como parte integrante da uma estratégia de ação.

Portanto, não vamos, no decorrer deste livro, raciocinar sobre a reunião ideal, mas sim sobre como podemos buscar a reunião desejável.

PARTE I

Entendendo as Reuniões

CAPÍTULO 1

Para que Servem as Reuniões?

Como vimos na Introdução, estima-se que os executivos dedicam até 75% de sua jornada de trabalho em reuniões gerenciais e que boa parte dessas reuniões revela-se infrutífera, gerando frustrações e desperdícios dentro das organizações e no sistema produtivo.

Ora, se um gerente investe 75% de suas 200 horas mensais de trabalho em reuniões e se apenas 30% desse tempo investido for de fato proveitoso, isso significa que, ao final da semana, ele terá jogado 105 horas de seu precioso tempo de trabalho na lata do lixo.

O que uma pessoa deixa de fazer quando comparece a uma reunião? Um vendedor deixará de vender "x" itens e poderá perder importante espaço no mercado para o concorrente; um gerente poderá deixar de atender a um importante chamado do gerente do banco que serve à empresa; e assim por diante.

A "reunião", muitas vezes, configura-se uma ação causadora de desperdício de tempo e de energia de seus atores. Isso sem falar do alto custo financeiro que pode estar envolvido na sua convocação. Ora, se os resultados obtidos em uma reunião não forem superiores ao custo de sua realização, a reunião terá sido improdutiva.

Certamente, de forma preconceituosa, muitos se sentem mal quando convocados para determinadas "reuniões". O sentimento quase generalizado é de que elas inevitavelmente se transformam em momentos de desperdício de tempo, de bate-papo ou de enfrentamentos, provocando resultados inesperados: desconcentração generalizada, fuga do tema central, conflitos insuperáveis, ofensas e até mesmo demissões causadas por comportamentos inadequados, ou, quem sabe, pelo ambiente pouco democrático para a livre expressão de idéias e opiniões.

Certo é que a falta de sintonia entre o emissor e o receptor, participantes de uma reunião, pode levar a diferentes resultados indesejáveis. Vejamos na Figura 1.1 o exemplo de uma dessas anormalidades, colhida em uma lata de lixo ao final de uma importante reunião de trabalho.

Ao conceber essa "arte", o autor certamente não estava preocupado em participar da reunião, em contribuir ou em assumir responsabilidades. Talvez o erro estivesse na concepção da própria reunião, na maneira como foi conduzida. Enfim, essa anomalia apenas nos lembra quantas vezes já testemunhamos algo parecido em nosso ambiente de trabalho, e que devemos canalizar energias na busca pela unidade e consenso em torno dos objetivos de nossos empreendimentos coletivos.

Num ambiente de altíssima competitividade em que o tempo é um recurso valiosíssimo que deve ser empregado de forma parcimoniosa, acreditamos ser relevante analisarmos o tema e alertarmos nossos gestores sobre as eventuais fontes de desperdício de tempo que existem quando as reuniões não são bem planejadas, têm falhas de condução e suas decisões são relegadas a segundo plano.

Pensar em estratégia e negócios de forma profissional não combina com o negligenciamento do tempo de que dispomos, e que é limitado,

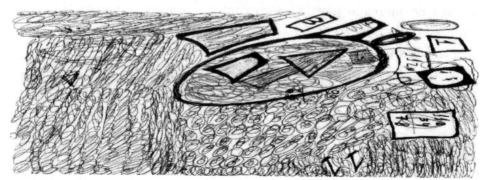

Figura 1.1 Fonte: http://www.artetelefonica.tripod.com, acessado em 25/05/2004

para a consecução dos objetivos e metas definidos pela organização para o seu desenvolvimento.

1.1 O QUE NOS LEMBRA UMA REUNIÃO?

No entanto, *contrario sensu* ao que foi dito nos parágrafos anteriores, ao solicitarmos a um seleto grupo de treinandos da Companhia de Engenharia de Tráfego da Cidade do Rio de Janeiro, em 2003, que respondessem a essa pergunta, conscientes da importância estratégica do uso das boas técnicas de reunião em seus ambientes de trabalho, obtivemos a seguinte lista em pouco menos de um minuto:

Reunião é...

- Integração
- Sinergia
- Motivação
- Geração de idéias
- Decisões coletivas
- Soluções
- Criatividade
- Inovação
- Caos construtivo
- Catalisação
- *Rapport*

O que mais, você leitor, poderia acrescentar a essa lista?_____

Assim, voltamos à pergunta formulada no início deste capítulo: Para que servem as reuniões? É no espaço de uma reunião bem-planejada e conduzida que se procura obter respostas rápidas de várias pessoas sobre um determinado assunto. A multidisciplinaridade na formação acadêmica, as diferentes vivências profissionais e pontos de vista variados sobre uma situação apresentada certamente contribuem para a desejada ebulição de idéias e de alternativas que poderão, por sua vez, convergir para uma ou mais soluções, quem sabe inovadoras, nunca antes imaginadas.

Outras vezes a reunião poderá servir como uma oportunidade de encontrarmos um mínimo denominador comum, a partir de divergências internas, ou soluções para problemas aparentemente insuperáveis no relacionamento profissional entre pessoas, ou mesmo por conta de ruídos de comunicação existentes na organização. A conciliação será a estratégia utilizada para a minimização ou superação desses conflitos.

1.2 ENTÃO, POR QUE O PRECONCEITO COM AS REUNIÕES?

Largamente utilizada nas organizações, em todo o mundo, a reunião acaba, na maioria das vezes, no seu formato e conceito tradicional, via de regra presencial, por configurar-se em uma ação causadora de desperdício de tempo e de energia de seus atores. Muitos gerentes, em reuniões, acabam gastando muito tempo com tópicos que não estavam na programação oficial (KOTTER, 2003).

Entendem-se como problemáticas aquelas reuniões em que a decisão de reunir e o planejamento da reunião não são realizados de forma cuidadosa pelo coordenador que a convocou; o número e o nível hierárquico das pessoas presentes e o tempo a ser despendido na reunião são meros detalhes; a pauta e os encaminhamentos não são obedecidos; as conversas sobre temas irrelevantes tomam conta da reunião a todo instante em detrimento dos assuntos principais; conflitos de interesse e/ou de personalidade prejudicam o bom andamento da atividade; não se chega a um termo e as decisões não são tomadas ou não são seguidas por ausência de acompanhamento ou definição de responsabilidades e prazos; entre outros problemas que poderiam ser aqui listados (SILVEIRA NETO, 1994; SNAIR, 2003).

Por causa dessas disfunções, ou vícios, há uma infinidade de pessoas que odeiam participar de reuniões. "Alegam que são inúteis, tomam muito tempo das pessoas, costumam ser dominadas por jogos de poder, desviam-se (sic) do assunto principal. Ora, quando isso acontece é porque, claramente, são mal administradas" (VERGARA, 2005, p. 41).

Quando se fala em "reuniões mal-administradas" não se trata de uma crítica direta aos administradores profissionais, mas, *lato sensu*, a todos aqueles profissionais que convocam ou participam de reuniões sem ter um compromisso sólido com o alcance dos objetivos dessas reuniões.

Os problemas variam desde o preparo inadequado de quem planeja e de quem participa das reuniões, até a pressão do relógio sobre as tarefas que ficam paralisadas, os comportamentos discrepantes no curso da reunião e a própria condução do (des)encontro. Esse conjunto de variáveis desmobiliza os participantes e reduz a potencialidade desse construtivo recurso.

1.3 A REUNIÃO É SEMPRE O MELHOR CAMINHO?

Muito provavelmente residirá nesse questionamento primário o sucesso das próximas reuniões que se pretende realizar.

Cabe, nesse momento, uma avaliação reflexiva e introspectiva por parte do possível propositor da reunião sobre os motivos que estão concorrendo, para que se conclua pela sua necessidade ou não.

Não há dúvidas quanto à pressão que nos é imposta pelos ambientes do trabalho, pela concorrência, pelos prazos para cumprimento de metas, pela busca incessante por maior produtividade e lucratividade. Enfim, somos escravos dos avanços da sociedade à qual pertencemos.

Nesse ritmo alucinante, abrimos mão de um recurso cuja propriedade foi reservada exclusivamente aos seres humanos, que dela poderiam lançar mão de forma universal, constante e sem maiores esforços: a reflexão. Responsável pela distinção entre animais racionais e irracionais, é a reflexão que permite ao homem captar, decodificar, processar, analisar, comparar, avaliar e discutir alternativas, propor idéias, reavaliar e emitir novas opiniões, diante de elementos que lhe são apresentados, antes mesmo de, efetivamente, definir sua escolha, sua decisão final.

Ao contrário do mundo animal irracional, cujos atores são, instantânea e inexoravelmente, obrigados a reagir às ações provocadas pelo meio ambiente, repetindo-se linearmente esse fenômeno ao longo de suas existências, os seres humanos têm ao seu dispor o fator "tempo", que permite o exercício da reflexão, mesmo que durante alguns poucos segundos ou minutos, para reagir aos problemas e desafios que lhes são impostos.

De posse dessa propriedade (reflexão), podemos conter o impulso de convocarmos reuniões a todo instante (o que muitos denominam ironicamente "reunite"), que podem ser substituídas, com proveito, por uma análise mais precisa das questões que, eventualmente, nos atordoam naquele instante. Podemos ainda refletir se todos os pontos que listamos para a pauta de uma possível reunião são realmente importantes para serem discutidos naquele instante, nesse tipo de fórum ou não. Quais são os assuntos que requerem a tomada de decisão de um grupo e quais aqueles em que um contato mais próximo com um colega poderá elucidar a questão sem a movimentação e o envolvimento desnecessários de vários outros colaboradores?

Sempre há tempo para fazermos tudo o que é importante. A maior dificuldade reside em determinarmos o que é realmente importante: as prioridades de fato.

Podemos então nos valer da tradicional matriz do tempo Urgente × Importante para avaliarmos e refletirmos sobre cada item que pretendemos usar como pretexto para a convocação de uma reunião.

	+ Tarefas importantes −	
+ **Tarefas urgentes**	**1** **Importante e urgente** Ex.: conflito com um cliente importante	**3** **Urgente mas não importante** Ex.: "Você tem um minutinho?" (interrupções)
−	**2** **Importante mas não urgente** Ex.: planejamento, estudos etc.	**4** **Não-importante e não-urgente** Ex.: navegar em *sites* sem utilidades para o serviço.

Urgência = Pressão temporal para execução
Importância = Resultados, conseqüências

FIGURA 1.2 Critério de prioridade

- **+ Importante + Urgente**: significa um momento de crise. Algo tem que ser decidido naquele instante, imediatamente e, provavelmente, por uma ou poucas pessoas. Exemplo: um incêndio em uma seção; um ataque de *hackers* ao banco de dados da empresa; uma mudança abrupta e inesperada na economia na qual a empresa atua etc.
- **– Importante + Urgente**: significa algo que tem que ser resolvido logo, embora não haja a correspondência em termos de importância, mas que se não for solucionado poderá emperrar a agenda, que contém atividades mais importantes. Exemplo: interrupções ou telefonemas inesperados durante a elaboração de um relatório ou planejamento etc.
- **+ Importante – Urgente**: significa o seu trabalho nas tarefas de médio e longo prazos, mais nobres e importantes. Exemplo: planejamento estratégico; análise de tendências; políticas de treinamento etc.
- **– Importante – Urgente**: podem representar tarefas que se tornaram rotineiras ou mesmo fontes de desperdício de recursos, inclusive de tempo! Devem ser delegadas ou abandonadas, pois se não acontecerem não afetarão o seu trabalho. Exemplo: manusear arquivos antigos; passar a limpo a agenda etc.

Procurando classificar nessa matriz os problemas que nos afligem no dia-a-dia, podemos perceber com maior clareza se os tópicos listados merecem uma discussão em grupo, ou se uma entrevista informal, a delegação, a troca de *e-mails* ou mesmo um telefonema já poderia resolver a questão a contento, de forma alternativa.

No entanto, o sentimento quase universal é de que as reuniões se transformaram em momentos não só de desperdício de tempo, mas também de bate-papo e de enfrentamentos, provocando resultados inesperados como: desconcentração generalizada, fuga do tema central, conflitos insuperáveis, ofensas pessoais e até demissões de colaboradores por conta de comportamento inadequado no decorrer dos debates nas reuniões, entre diversas outras disfunções.

Frases ou chavões que denigrem as reuniões como instâncias informativas, deliberativas e decisórias circulam diariamente nos corredores, nas conversas entre os diversos níveis organizacionais (estratégico, tático ou operacional), o que lamentavelmente estigmatiza e justifica a ineficácia desse instrumento em vários lugares do planeta.

Sem querer esgotar, é possível reunir algumas frases corriqueiras que podem lançar uma certa luz sobre essa questão: "O que mais faço é participar de reuniões"; "Não entendi a razão da reunião"; "A reunião ideal é a de duas pessoas... com a ausência de uma!..."; "As reuniões são indispensáveis... quando não se quer fazer nada"; "Perdi tanto tempo para nada"; "A reunião não chegou a nenhuma conclusão"; ou ainda "Tive que parar um trabalho apaixonante no meio para comparecer a esta reunião e acabei perdendo um tempo enorme...".

Verifica-se, pela observação dessa lista, que o grande problema das reuniões não deriva da reunião em si, mas da falta de cuidados em se entender o motivo da reunião, dos óbices ambientais que a condicionam, além do anacronismo entre a reunião e os fatores urgência, prioridade e realidade, e do descompromisso com o futuro das reuniões das quais todos participam.

O americano Scott Snair (2003) demonstra toda a sua rejeição em relação à prática de realização endêmica de reuniões, ao sugerir que as pessoas – certamente se dirigindo com mais ênfase aos americanos – se utilizem de outros métodos para a resolução de seus problemas e realização de suas tarefas. Entre as alternativas às reuniões, ele sugere a prática da gestão individualizada e/ou da canalização organizacional.

Na primeira situação, a gestão individualizada – um contato *tête-à-tête* entre duas ou no máximo três pessoas de maneira informal –, Snair sustenta que se consome menos tempo nesses contatos do que em reuniões, do mesmo modo que as pessoas respondem melhor às orientações individualizadas. Segundo ele, "a gestão individualizada envolve o estabelecimento de sintonia (*rapport*), internalização de prioridades, objetivos específicos e boa escuta" (SNAIR, 2003, p. 73).

Vale a transcrição do trecho em que Snair (2003, p. 63), em seu livro, destaca o dom da escuta, essencial para o estabelecimento da comunicação e de entendimentos entre duas ou mais pessoas em qualquer ambiente interativo:

> *"Escutar não apenas é ultrapassado, mas também é uma arte perdida e esquecida. Acredito que as pessoas não optam por não escutar, mas simplesmente não sabem mais como fazer isto. Como resultado,*

aqueles raros bons ouvintes – como os guardiões de qualquer arte perdida – são bem considerados e podem chegar a grandes conquistas."

Já na canalização organizacional, Snair (2003, p. 110) advoga que "pessoas e departamentos separados são naturalmente mais competitivos e que os gerentes devem esforçar-se para manter tal competição saudável e produtiva", sugerindo que as reuniões e encontros pessoais sejam evitados ao máximo, em benefício da tarefa. Acrescenta ainda que tal técnica ou processo "celebra o poder da separação e uma quase sinergia desta, quando pessoas e departamentos vêem um projeto sob perspectivas diferentes, em benefício da empresa".

A canalização organizacional, por ele concebida, divide-se em 10 etapas (SNAIR, 2003, p. 92) que vão desde a coleta de *feedback* até a avaliação de resultados, o que faz com que nessa etapa final se retome todo o processo:

1. Coleta do *feedback* individual
2. Estabelecimento de objetivos
3. Identificação dos meios
4. Distribuição dos meios aos departamentos
5. Canalização do controle
6. Canalização da atividade
7. Coleta de *input* e efeitos
8. Consolidação de *input* e efeitos
9. Implementação da ação para a conquista de objetivos
10. Avaliação dos resultados e repetição do processo

Embora seja uma tentativa louvável, a segunda alternativa apresentada pelo autor, a canalização organizacional, encontra dificuldades de implementação na sua origem. Ao apresentar uma metodologia que consiste num acompanhamento rigoroso (*follow-ups* diversos), a proposta acaba por sacrificar os eventuais candidatos a administrador ou coordenador de um grupo de trabalho que deveriam, então, assumir cumulativamente diferentes papéis (delegador, consolidador, motivador, diretor técnico e modelo) para que o sucesso da canalização fosse alcançado. Tais atribuições por si sós desencorajariam muitos gerentes já atarefados com suas próprias responsabilidades.

Portanto, considerando descartada a impossibilidade prática de nunca se reunirem os membros de uma empresa, a potencialização das reuniões, fazendo-se uso de recursos que possam reduzir sua freqüência e melhorar seu rendimento, dependerá fundamentalmente da cultura organizacional vigente, das ferramentas disponíveis para a melhoria do processo de comunicação interna/externa e das atitudes que são tomadas pelos participantes de uma reunião (BITTENCOURT, 2005).

Como afirma o consultor de empresas Francisco Bittencourt (2005, p. 2), "participar de uma reunião pressupõe que é a melhor forma de se conseguir chegar a uma conclusão efetiva sobre determinado tema". Exatamente porque é por meio de contatos bem-engendrados, por meio de discussões e efeito demonstração que o ser humano aprende a se desenvolver, pratica a dialética, se socializa.

A professora Sylvia Vergara também destaca que as reuniões empresariais, quando bem planejadas e conduzidas, "são excelente fonte de aprendizagem de interação humana" (VERGARA, 2005, p. 41). Não poderia ser diferente, já que o ser humano sempre teve e continuará tendo a necessidade de se agrupar para se proteger, construir, sobreviver, aprender, unir. Chega-se à raiz do termo reunião: re-unir, ou unir novamente.

RE-UNIÃO = TORNAR A UNIR = UNIR DE NOVO

Cabe ainda, numa tentativa de não nos rendermos ao impulso de convocarmos reuniões sem uma análise cuidadosa do ambiente, pensarmos estrategicamente em outros pontos:

- Se a reunião for meramente informativa, não há outra forma de comunicação mais rápida e eficiente?
- O grupo que pretendo convocar para a reunião está preparado para participar de forma proativa? Há tempo hábil, entre o aviso e a realização da reunião, para que isso aconteça?
- As pessoas que de fato decidem estarão presentes?
- Os temas que serão levantados suscitarão posições que são, hoje, sabidamente irreconciliáveis?
- As decisões já foram tomadas?!... Então para que servirá a reunião?

Em síntese, podemos afirmar que a prevalência das reuniões sobre quaisquer outros recursos que possam reduzir sua freqüência dependerá fundamentalmente da cultura organizacional vigente.

Nas empresas cujos valores estão apoiados em práticas que explicitam o espírito de equipe, a confiança, a ética, o aprendizado contínuo, a proatividade, a descentralização, entre outros valores positivos, encontramos reuniões sendo realizadas com menor freqüência e mais qualidade/produtividade.

Contrario sensu, em estruturas organizacionais em que a centralização é marcante, quando ruídos interferem costumeiramente nas relações interpessoais e o clima organizacional não denuncia a cooperação, as reuniões tenderão a espocar a todo instante, tomando boa parte do tempo que deveria ser destinado a ações efetivas e eficazes.

PARTE II

Fatores Endógenos Importantes que Afetam as Reuniões

CAPÍTULO 2

A Comunicação na Empresa

Da mesma forma que um indivíduo deve se preparar para conduzir um seminário, ministrar uma aula ou conferência, treinar equipes ou, enfim, participar em quaisquer negócios que envolvam grupos, também é fundamental para o sucesso de uma reunião que a comunicação entre o seu idealizador e os participantes convidados para o encontro seja a melhor possível, objetivando-se garantir os resultados esperados naquele momento. Conseqüentemente, essa medida acarretará uma expectativa positiva e coletiva no sentido de que as decisões ali tomadas serão cumpridas com abnegação, de modo que o negócio em questão prospere da melhor forma, em benefício de todos.

Em uma pesquisa com 705 empregados de 70 empresas norte-americanas, publicada na revista *Newsweek* em 16 de maio de 1994, 64% dos funcionários não acreditavam no que a administração dizia; 61% não estavam informados sobre os planos da empresa; 54% não entendiam bem as decisões. "Assim sendo, como esperar que a estratégia seja implantada? A comunicação, portanto, não é uma barreira menor" (ROBBINS, 1994, apud FERNANDES, 2005, p. 213). Fica patente mais uma vez a importância das comunicações fluidas em empresas que pretendam atingir os patamares desejados de elevada eficácia e efetividade em seus processos e resultados.

Mas qual seria, então, o significado de comunicação, e o que essa ação tem a ver com reuniões? "A palavra comunicar vem do latim com o significado de 'pôr em comum'. O que é comunicação? Comunicação é mensagem emitida, transmitida, recebida e percebida. O sinal, o signo, a informação emitida é a mensagem da comunicação" (COSTA, 2005, p. 1). Pode-se inferir, portanto, que as reuniões são, fundamentalmente, oportunidades de comunicação entre pessoas interessadas em um mesmo assunto, momentos em que se buscam a troca de idéias e de informações, o debate e a construção de algo que, sozinho, nenhum dos participantes teria condições de obter.

Os processos de trabalho, fragmentados, acabam por capilarizar as informações, fazendo com que em relação ao todo as pessoas fiquem parcialmente informadas. Ampliar a compreensão coletiva sobre o negócio e obter soluções totalizantes conduzem, naturalmente, a uma reunião, uma vez que por meio delas a complexidade de uma solução, ou problema, pode ser diminuída pela multidisciplinaridade dos participantes e pelas vivências diversificadas que uma vez compartilhadas enriquecerão todo o grupo. Como afirma Fernandes (2005, p. 155), "a comunicação não se restringe a anunciar os objetivos. Tão ou mais importante é comunicar os resultados conforme forem acontecendo, para que os envolvidos possam ajustar suas ações".

Mesmo em empresas altamente sistematizadas e informatizadas, o contato pessoal ainda será necessário, ao contrário do que pretende Scott Snair, para que as comunicações e as relações se consolidem, principalmente quando se pensa em comunicações administrativas, no âmbito tático-estratégico. Como afirma Costa (2005, p. 1):

> *"Embora a comunicação tenha aplicação multiforme em todas as fases da administração, ela é particularmente importante na função administrativa direção. [...] A comunicação foi definida pela The American Society of Training Director como: 'o intercâmbio de pensamentos e informações para criar compreensão mútua e confiança ou boas relações humanas'."*

Em muitos casos, porém, a comunicação deficiente gera insegurança, o que faz com que as reuniões se tornem cada vez mais freqüentes, trazendo para os diversos participantes da organização os sentimentos de improdutividade, desnecessidade, confusão, e uma série de outros aspectos negativos que apenas contribuem para o desprestígio das reuniões, conforme mencionado anteriormente. A professora Vergara (2005,

p. 31) confirma essa deficiência nas trocas de informações ao dizer que a comunicação organizacional é "um processo e a essência das relações interpessoais; no entanto, é o maior problema com o qual se defrontam as empresas".

Devem-se abrir parênteses para destacar que a depreciação que as pessoas têm em relação às reuniões recai, equivocadamente, mais sobre a reunião como ferramenta de trabalho do que sobre os maus gerentes que não sabem se comunicar bem, no tempo certo ou adequadamente, antes, durante e/ou após as reuniões.

A comunicação, portanto, retornando à questão inicial, é a ação de revelar dados, informações, situações, problemas, decisões e orientações. O eminente professor Chester Barnard, conforme afirma Costa (2005), foi um dos primeiros a considerar seriamente a questão da comunicação na empresa de grande porte. Segundo ele: "A necessidade de um sistema definido de comunicação cria a primeira tarefa do administrador e é a origem imediata da organização" (BARNARD apud COSTA, 2005, p. 1), o que serve para corroborar as afirmações feitas até aqui. Costa complementa o seu pensamento afirmando que "[...] O processo de comunicação é fundamental numa organização, pois pode [...] melhorar o nível de entendimento" (COSTA, 2005, p. 1).

Para Andrade, Alyrio e Macedo (2004), resgatando ensinamentos das Teorias da Administração,

> *"Uma tarefa importante para as organizações é fazer com que todos nelas possam seguir uma estratégia única e racional de assunção de riscos. [...] Pesquisadores dizem que há dois motivos para esse tipo de inconsistência da assunção gerencial de risco: comunicação e incentivos" (ANDRADE, ALYRIO e MACEDO, 2004, p. 188-189).*

Observa-se, portanto, que certamente reside nessa ação interativa, da comunicação, o início de um ótimo processo de troca de informações, de trabalho em equipe, de negociação e de tomadas de decisões eficazes, criativas e indutivas. Em empresas em que os processos de comunicação são multilaterais e transparentes, deixando fluir de forma sucinta, honesta e objetiva as informações necessárias aos negócios que nelas se operam e prosperam, pode-se imaginar que as reuniões de trabalho sejam muito mais produtivas, muito menos freqüentes ou, quem sabe até, escassas.

Na opinião do professor Robert Quinn (2003), lembrando conceitos originalmente da abordagem estruturalista da Teoria Geral da Administração, essa liberdade fará com que os funcionários participem mais ou menos da gestão da empresa:

"Processos decisórios diferem com relação à quantidade de autoridade concentrada nas mãos do patrão e na dose de liberdade concedida aos empregados. Aumentando-se a autoridade do gerente, por definição, diminui-se a liberdade de seus subordinados" (QUINN, 2003, p. 84).

Chega-se por esse mesmo viés ao moderno conceito difundido por Peter Senge (1990) de organização por aprendizagem, ou organização que aprende (*learning organization*), que, como tal, "procura ativamente disseminar o conhecimento em todas as áreas da organização para garantir que o conhecimento relevante esteja à disposição da unidade organizacional que mais precisa dele e encoraja interações" (FERNANDES, 2005, p. 221). E, inevitavelmente, pode-se mais uma vez considerar que o ambiente de uma reunião será um dos mais adequados para que esses processos de comunicação interativos ocorram de forma efetiva.

O fato é que, sem uma comunicação adequada nos processos organizacionais, as reuniões também tendem a se tornar ineficientes e ineficazes. Portanto, as empresas devem, cuidadosamente, mapear todos os seus fluxos informacionais, permitindo comunicações abundantes, porém na medida certa, bem-estruturadas, garantindo o entendimento das missões da empresa e de suas unidades, o atingimento dos objetivos e metas organizacionais e, no caso particular, a produtividade das reuniões.

CAPÍTULO 3

A Tomada de Decisão na Empresa

Em busca de uma definição do que seja um processo de decisão, Andrade, Alyrio e Macedo (2004, p. 134) afirmam que "podemos inferir que o processo de decisão é o conjunto de princípios, regras e procedimentos que permitem selecionar, em determinados tipos de problemas, a linha de ação, estratégia, saída ou alternativa mais conveniente".

No entanto, muitas pessoas, ao se depararem com o momento exato da tomada de decisão, principalmente durante reuniões de trabalho, simplesmente não têm convicção sobre o que e como devem fazer para reduzir ao máximo as incertezas e os riscos das alternativas de ação disponíveis ou que poderão ser escolhidas.

Ainda com base em Andrade, Alyrio e Macedo (2004, p. 135), discorrendo sobre os riscos da ausência de base conceitual ou de experiência profissional dos tomadores de decisão, destaca-se a afirmação de que:

"Em termos ideais, o desenvolvimento de teorias deve preceder a formulação de recomendações práticas. Contudo, [...] preocupados com problemas apresentados por novos desafios, os administradores têm inventado soluções práticas muito antes de surgirem as visões teóricas para explicá-las e validá-las."

Pode-se creditar esse tipo de comportamento a vários fatores: escassez de tempo para a tomada de decisão (ação *versus* reação); ausência de recursos (humanos, tecnológicos, financeiros etc.) que auxiliem na solução de questões complexas; deficiências educacionais do tomador de decisão e/ou de outros membros de sua equipe (superiores e subordinados); cultura organizacional que desestimula a racionalidade; aspectos regionais, como a ausência de cursos profissionais que potencializem habilidades e competências etc.

Afirma ainda o professor Bazerman, da Harvard Business School, reforçando a tese sobre a relevância da informação para a tomada de decisão, que "[...] muitas vezes faltam aos tomadores de decisão informações importantes referentes à resolução do problema, aos critérios relevantes e assim por diante" (BAZERMAN, 2004, p. 6).

Também nesse sentido, sobre as informações imprecisas no curso de uma tomada de decisão, Andrade, Alyrio e Macedo (2004, p. 168) acrescentam que:

> *"[...] isso acontece porque num processo de tomada de decisão é necessário enfrentar as informações inadequadas sobre a natureza do problema e suas possíveis soluções, a falta de tempo e outros recursos para coletar informações mais completas, as percepções distorcidas, a incapacidade de recordar grandes quantidades de informações e os limites da inteligência humana, e mesmo assim chegar a uma resposta."*

Sobre o aparente processo racional de tomada de decisões, sabe-se que muitos administradores – aí entendidos como profissionais que atuam em tarefas administrativas, no sentido *lato sensu* – usam um modelo de racionalidade limitada, modelo esse também denominado heurístico, que equivale a uma simplificação do método, em que as tendências pessoais do tomador de decisão influenciam fortemente suas decisões. Em verdade, essa relatividade racional atinge a grande maioria dos seres humanos, pela impossibilidade de se dominarem todas as informações acerca dos fatores que direta ou indiretamente agem ou podem agir sobre determinada ocorrência.

Esses processos para tomada de decisão, incertos e instáveis, aliados às restrições de comunicação e a um certo descrédito das informações geradas na empresa, impactam fortemente as reuniões, por serem majoritariamente essas as instâncias deliberativas mais usuais, e em que as decisões tomadas têm conseqüências que afetam pessoas, processos, estruturas e, conseqüentemente, os resultados finais das organizações.

CAPÍTULO 4

As Tecnologias da Informação

De acordo com Laudon e Laudon (2004), renomados autores de livros de TI (Tecnologia da Informação), "a Internet tornou-se o mais importante sistema de *e-mail* [...], criando um ganho de produtividade que tem sido comparado ao desenvolvimento do tipo móvel por Gutemberg no século XV" (LAUDON e LAUDON, 2004, p. 291).

Segundo a professora Maria Teresinha de Andrade (1998), citada por Antônio Andrade (2004, p. 2), ao descrever os impactos dessas novas tecnologias, atingindo não somente o ambiente organizacional, ela afirma que, "embora não se tenham referências precisas em relação ao alcance dessas mudanças, bem como de suas implicações, seus reflexos repercutem em todos os lugares e causam inquietação em todos os setores da sociedade".

Em auxílio a toda essa pressão por resultados, e em busca de lucros cada vez maiores, evidentemente, as indústrias de TI têm gerado e oferecido aos administradores uma infinidade de recursos que integrem seus processos, diminuam seus custos e auxiliem na comunicação e no processo decisório. "A revolução tecnológica, que se intensificou a partir da década de 1990 com a adoção generalizada de telefones celulares, computadores portáteis e Internet, aumentou sensivelmente a produtividade das empresas" (ONAGA, 2006, p. 26).

O uso da tecnologia da informação, segundo afirmam os especialistas, ainda é relativamente recente nas empresas e as pessoas ainda estão, portanto, em fase de aprendizado sobre como lidar com essas novidades que interferem no seu modo de vida. De acordo com o jornalista Marcelo Onaga (2006, p. 26, destaque nosso),

> *"[...] pesquisa da consultoria McKinsey com 7.800 executivos em todo o mundo mostra que 25% deles consideram suas ferramentas de comunicação – caixas de e-mail, correios de voz e* **reuniões** *– impossíveis de gerenciar. Quase metade dos entrevistados gasta pelo menos meio dia de trabalho tentando organizar a comunicação."*

No caso da busca por uma integração entre pessoas e setores de uma empresa, para a melhor comunicação interdepartamental, relatam os professores Fernandes e Berton (2005) que isso é bastante possível:

> *"Um sistema de informações bem projetado pode trazer benefícios para todas as áreas funcionais de uma unidade de negócio. Um sistema computadorizado de apoio a tomadas de decisões pode permitir que cada área funcional acesse as informações de que necessita, e também se comunique eletronicamente com outros departamentos funcionais, aumentando assim a coordenação interdepartamental"* (FERNANDES e BERTON, 2005, p. 174).

Discorrendo sobre como a nova gerência deve se comportar diante de um ambiente instável, de incertezas e imprevisibilidades, o cientista Ruben Bauer (1999) identifica, entre outros motivos, que os profissionais devem se acostumar a conviver com cenários em que predominam "o estímulo à desordem, por meio da introdução de novas informações e idéias, muitas vezes ambíguas; o estímulo à autonomia, iniciativa, **conectividade, comunicação e cooperação**; [...]" (BAUER, 1999, p. 227, destaques nossos).

Pensando nessa auto-organização,[2] Ruben Bauer destaca a importância das interações por meio da

---

[2] Como auto-organização, registre-se o entendimento de Bauer a esse respeito: "[...] propriedade emergente, fruto da sinergia a que o sistema é capaz de chegar por meio das interações entre seus componentes. Assim, em última análise, o que confere significado a qualquer organização (por exemplo, uma empresa) não são as pessoas que a compõem, é o que elas são capazes de criar e de produzir pelo fato de estarem *juntas*". (BAUER, 1999, p. 238, grifo do autor.)

"[...] criação de novas informações e a circulação por meio da organização das informações que nela já existem, mas que se encontram 'engavetadas'. Em ambas as formas, o fluxo das informações leva a diferentes interpretações, que levam a uma reflexão compartilhada, que leva a novas informações: uma amplificação, por retroalimentação, do potencial contido nas informações – feedback positivo" (BAUER, 1999, p. 225).

Salienta ainda nesse sentido o mesmo autor "que são as **conexões e interações** entre as pessoas o que possibilita o surgimento de novos e mais complexos padrões globais de comportamento; e que são estes novos padrões, por sua vez, que conduzem a novas direções estratégicas" (BAUER, 1999, p. 225, destaques nossos).

Depreende-se que todo esse movimento em busca de socorro nas novas tecnologias da informação ainda está por exigir novos comportamentos dos agentes principais de todo esse processo: os profissionais de gestão. Grande parte desses trabalhadores, ditos do conhecimento, e muitos da chamada elite, ainda se sentem presos a paradigmas estratégicos e comportamentais de época anterior a toda essa parafernália tecnológico-informacional que se encontra disponível, notadamente a Internet e suas derivações.

Como afirma Paulo Tigre, "a Internet está revolucionando tanto a noção de tempo e espaço quanto os fundamentos organizacionais que exploram tais atividades" (TIGRE, apud ANDRADE, 2004, p. 6), confirmando a tese de que os processos empresariais ainda não tiveram sucesso em absorver essa onda, principalmente no que diz respeito às mutações culturais que o novo ambiente está a exigir.

De acordo com dados fornecidos por Fernandes (2005), na primeira metade da década de 1990, a Internet era uma rede utilizada quase que exclusivamente em meios acadêmicos. Em 1997, ela já possuía cerca de 100 milhões de usuários conectados. Em 2001 saltou para 1 bilhão de internautas espalhados por todo o planeta (Internet World Stats, In: FERNANDES e BERTON, 2005, p. 45). Dados como esses demonstram o quão impactante está sendo a absorção dessa ferramenta nos meios organizacionais, obrigando as pessoas a repensar suas maneiras de executar o trabalho.

Uma pesquisa realizada pela Symantech (2005), em 17 países, revela que, em média, o volume de *e-mails* trocados nas empresas aumentou 200% no último ano. O estudo mostra ainda que os trabalhadores chegam a enviar 350 e a receber 450 *e-mails* por dia, além de metade dos entrevistados ter confessado que gasta metade do dia com o correio eletrônico (ARANHA, 2006, p. 57). Nesse contexto, o consultor Luciano Crocco destaca que: "[...] o estilo de vida, em função da Internet, está mudando o comércio, e essas mudanças farão que as empresas reestruturem seu gerenciamento do conhecimento e as operações de negócios [...]³" (CROCCO, 2005, p. 15).

Segundo Szuprowicz, retomando o foco de interesse maior do presente trabalho, no que diz respeito à potencialização das reuniões diante das novas tecnologias de informação, "a vantagem mais importante da Internet, principal alavancador do processo de equipes virtuais, é oferecer uma rede global com enorme potencial para **atividades colaborativas** [...]" (SZUPROWICZ, 1996, apud FRANÇA, 2006, p. 48, destaque nosso). Nessa vertente, todos os que lidam com a rede parecem já ter tido a noção de sua utilidade para agilizar as comunicações, dentro ou fora da empresa. É o que se depreende pela quantidade de *e-mails* trocados diariamente, inclusive entre pessoas que antes não tinham o hábito de se comunicar tão intensamente.

Pesquisa apresentada nos Estados Unidos, realizada em 2005 pelo *site* eMarketer junto a 1.032 companhias com menos de 500 funcionários, mostrou que 72% delas se comunicam com clientes por *e-mails*, 36% usam *e-mails* para manter seus funcionários informados, e apenas 14% não fazem nenhum uso do *e-mail* (SANTOS, 2005), confirmando a adesão de grande parte das pessoas a essa ferramenta de comunicação.

Crocco e Guttman (2005), corroborando que as pessoas devem rever seus conceitos fundamentais no que diz respeito à forma de trabalhar com essas novas ferramentas, relatam que Bill Gates indica 12 passos-chave quanto à postura das pessoas para que as tecnologias disponíveis possam ser empregadas adequadamente. Seguem algumas dessas recomendações de Bill Gates (GATES apud CROCCO, 2005, p. 15-17):

"Para trabalho de conhecimento:
- *insistir para que as comunicações fluam pela organização por e-mail, de modo que se possa agir em relação às informações com velocidade de reflexo;*

---

[3] O autor cita o livro *Business@ the Speed on Thought*, de Bill Gates, publicado em 1999.

- *[...];*
- *[...];*
- *utilizar ferramentas digitais na criação de equipes virtuais entre departamentos que compartilhem conhecimento e possam trabalhar nas idéias do outro em tempo real, em todo o mundo. [...];*
- *transformar todo processo de papéis em processo digital, eliminando os gargalos administrativos e liberando os colaboradores de conhecimento para tarefas de mais valor.*

Para operações de negócio:
- *usar ferramentas digitais para eliminar trabalhos manuais simples ou mudá-los em trabalhos que gerem valor agregado, utilizando as habilidades de um colaborador de conhecimento;*
- *criar um retorno (feedback) digital para melhorar a qualidade dos produtos e serviços criados. [...];*
- *utilizar sistemas digitais para remeter as reclamações dos clientes imediatamente às pessoas que possam melhorar um produto ou serviço;*
- *[...].*

Para o comércio:
- *negociar informações por tempo. Diminuir o tempo nos ciclos de negócios usando as transações digitais com todos os fornecedores e parceiros [...];*
- *[...];*
- *utilizar ferramentas digitais para ajudar os clientes a resolver os problemas deles, e deixar o contato pessoal para responder às necessidades complexas e de valor elevado."*

Crocco e Guttman (2005, p. 17) ressaltam ainda que "[...] inúmeras empresas ainda não implementaram um passo sequer dos 12 descritos anteriormente [...]". E, ao que parece, essa é uma preocupação que está presente tanto nas empresas localizadas no exterior como no Brasil, conforme atesta ainda o autor:

> *"Informações em tempo hábil, com qualidade e objetividade, são essenciais para administrar empreendimentos bem-sucedidos. A realidade mostra que são poucas as empresas no Brasil que têm informações completas e relatórios funcionais, emitidos em tempo*

> *hábil. Gestão empresarial bem-sucedida pressupõe que todos, desde o* office-boy *até a presidência, devem estar recebendo as informações necessárias para executar de forma eficiente a sua missão e as suas tarefas. [...] Isso significa que precisamos investir muito em informática e em treinamento [...]"* (CROCCO e GUTTMAN, 2005, p. 20).

Buscando reforçar os conceitos sobre a inexcedível contribuição que a tecnologia pode dar aos administradores em suas interações com o meio em que atuam, Crocco e Guttman (2005, p. 20, destaques nossos) afirmam que os sistemas de informação gerencial devem compreender:

> "• *informações e relatórios em tempo hábil, com qualidade e objetividade. Os funcionários só podem atender à missão estratégica da empresa se receberem as informações necessárias para desempenhar com eficiência suas incumbências;*
> • *[...];*
> • **informações rápidas e segmentadas,** on-line *e em tempo real;*
> • *[...];*
> • criação de uma **rede eletrônica de parceiras** (sic)."

Nesse sentido, Bauer (1999, p. 241, grifos do autor), reforçando a necessidade da construção de uma organização que aprenda por meio da organização interconectada, afirma que:

> *"As organizações em rede buscam maior agilidade, pela eliminação de níveis hierárquicos intermediários, bem como pela sinergia, pelo estabelecimento de canais de comunicação entre as pessoas ao longo de toda a organização [...] Todas estas linhas baseiam-se na construção de facilidades eletrônicas para ampliação das trocas de informação entre as pessoas, ou seja, de suas interações."*

Para quem consegue administrar seus negócios sob esse ambiente informatizado e de livre pensar, o recurso "tempo" também flui de uma forma mais tranquila, conforme revela Wheatley (1992), citado por Bauer (1999, p. 122-123):

> *"O tempo que eu antes despendia numa análise e num planejamento detalhados uso agora para examinar as estruturas que possam*

facilitar relacionamentos. Passei a esperar a ocorrência de alguma coisa útil quando vinculo pessoas, unidades ou tarefas, embora não possa determinar resultados exatos."

Essa disponibilidade de tempo – não está se falando em ociosidade – pode ser agora empregada para novos contatos, na reflexão sobre cenários, interações diversas e quaisquer outras atividades que tenham sido antes relegadas ao segundo ou terceiro plano por conta de pressões, desorganização e, até mesmo, por causa de reuniões intermináveis que não eram precedidas de comunicações por meios diversos, inclusive pelos contatos virtuais agora disponíveis a quase todas as empresas.

Pode-se afirmar por dedução que as empresas em que pessoas conseguem melhor administrar o tempo têm mais chances de progredir e auferir melhores resultados em suas atividades. Em adendo a isso, como afirma Kling (2000),

"As inovações tecnológicas estão reduzindo o tempo, modificando o processamento e sua capacidade, agilizando os fluxos de informação e a forma de acesso às informações, alterando a organização e reorganizando os postos de trabalho, impondo o desenvolvimento de novas capacidades do trabalhador e modificando o seu comportamento em relação aos aspectos sociais do trabalho, bem como suas relações profissionais" (KLING, 2000, apud ANDRADE, 2004, p. 2).

Destaque-se, ainda em relação a essas alterações nas operações das empresas, a afirmação de Noronha (2004):

"Com as tecnologias da informação incorporadas, os fluxos de informação na empresa tendem a tornarem-se mais efetivos em virtude da elevação da capacidade de coletar, estocar, processar e transferir informações, o que torna possível a obtenção de uma maior velocidade na comunicação, redução de resposta às variações dos ambientes, tanto interno quanto externo, melhoria na tomada de decisão, enfim, permite um aumento da eficiência organizacional em vários aspectos" (NORONHA, 2000, apud ANDRADE, 2004, p. 2).

No entanto, Andrade (2004) lembra que, as empresas, na disseminação dessas ferramentas de informação, não podem ignorar a cultura organizacional vigente: "É necessário entender as normas, crenças, valores e visão das pessoas [...] Isso cria a base a partir da qual se pode olhar para o futuro e decidir que novos conhecimentos são legítimos e quais não são [...]. **Como a aplicação das TI's na reestruturação dos fluxos de informação pode contribuir para o aumento da eficiência produtiva?**" (ANDRADE, 2004, p. 2-7, destaques nossos). Pensando-se em eficiência produtiva, é inevitável lembrar a importância das reuniões eficazes nesse contexto, de ambiente competitivo, exigindo comunicações e trocas por meio de contatos pessoais pontuais ou das interatividades tecnológicas disponíveis.

Muitas são as vantagens de se utilizarem as ferramentas de TI para maior produtividade dos negócios e para a interatividade das pessoas que atuam em organizações, próximas ou distantes, na medida exata em que cada empresa necessita ou pode incorporar essa TI. Ao contrário do que possa parecer, as tecnologias aproximam as pessoas, facilitam as comunicações e tornam o processo de tomada de decisão mais claro e espontâneo. O uso cada vez mais racional e amplo da TI imporá aos profissionais comportamentos que serão vitais para a sobrevivência no mercado. Agir e reagir sabendo que ferramentas estão disponíveis e quais deverão ser usadas a cada instante será estratégico para cada profissional.

Tempo é dinheiro, como se diz há tantos anos. Essa nunca foi uma afirmação tão verdadeira como nos dias atuais. Desperdiçar tempo, principalmente em reuniões, não será um bom cartão de visitas para profissionais que percebem nos seus comportamentos uma vitrine para alavancar suas carreiras.

CAPÍTULO 5

O Trabalho em Equipe

Nas empresas cujos valores estão apoiados em práticas que explicitam o espírito de equipe, a confiança, a ética, o aprendizado contínuo, a proatividade, a descentralização responsável, entre outras virtudes, é possível se verificar reuniões sendo realizadas com menor freqüência e com mais qualidade e produtividade. *Contrario sensu*, em estruturas organizacionais em que a centralização é marcante, quando ruídos interferem costumeiramente nas relações interpessoais e o clima organizacional não denuncia a cooperação, as reuniões tendem a espocar a todo instante, tomando boa parte do tempo que deveria ser destinado a ações produtivas.

A diferença pode estar nas maneiras pelas quais as pessoas interagem umas com as outras, na comunicação entre elas e no trabalho cooperativo que se impõe durante os processos produtivos, que são fruto de um esforço coletivo. Individualmente não se consegue atingir os mesmos objetivos que um grupo alcança. Exceção àquelas situações em que a variável urgência impede que determinado tomador de decisão tenha tempo para consultar sua equipe, o que nesse caso sujeitará o gerente à sua experiência, capacidade e intuição para a escolha do melhor caminho a seguir em benefício do grupo e da empresa.

Entre as razões para esses tipos de comportamento, que atingem o indivíduo e a equipe, Robbins (2002) explica que:

> *"Os grupos são capazes de gerar informações e conhecimentos mais completos. Por agregar os recursos de diversos indivíduos, os grupos conseguem mais entradas para o processo decisório. Além da quantidade de entradas, os grupos também trazem heterogeneidade ao processo. Oferecem maior diversidade de pontos de vista. Isso cria oportunidade para um número maior de abordagens e alternativas a serem consideradas. As evidências indicam que o desempenho de um grupo quase sempre supera aquele do mais competente dos indivíduos. [...] Em termos de eficiência, o grupo costuma ficar sempre em segundo lugar na comparação com os indivíduos. [...] As exceções são aquelas situações em que, para conseguir a mesma quantidade de entradas diversas, o indivíduo que toma a decisão tem de gastar muito tempo fazendo pesquisas em arquivos ou falando com pessoas. [...] Os grupos são geralmente menos eficientes que os indivíduos. Ao decidirmos pelo uso dos grupos no processo decisório, portanto, devemos questionar se os ganhos de eficácia serão suficientes para suplantar as perdas de eficiência" (ROBBINS, 2002, p. 234-235, grifos do autor).*

O mesmo autor continua explicitando sua preferência, sempre que possível, pela tomada de decisão grupal, porque gera mais compromissos com as metas estabelecidas, e afirma que:

> *"Assim, os grupos geram decisões de qualidade mais elevada. Finalmente, os grupos aumentam a aceitação de uma solução. Muitas decisões fracassam depois da solução escolhida porque esta não é aceita pelas pessoas. Os membros que participam da escolha da solução são apoiadores entusiasmados que estimulam os demais a aceitá-la" (ROBBINS, 2002, p. 234, grifos do autor).*

Embora indivíduos – principalmente em se tratando de administradores – necessitem fazer escolhas rápidas e urgentes em determinados momentos, sem muito tempo portanto para consultas a quaisquer pessoas, Robbins (2002) afirma que "em termos de eficácia, as decisões tomadas em grupo tendem a ser mais acuradas. As evidências indicam que, na média, os grupos chegam a decisões de melhor qualidade do que os indivíduos".[4]

---

[4] O autor faz referência a R. A. Cooke e J. A. Kernaghan, "Estimating the Difference Between Group versus Individual Performance on Problem-Solving Tasks", Group & Organization Studies, setembro de 1987, p. 319-342; e L. K. Michaelsen, W. E. Watson e R. H. Black, "A Realistic Test of Individual versus Group Consensus Decision Making", Journal of Applied Psychology, outubro de 1989, p. 834-839.

Nessa mesma linha, em temas que exijam o aflorar de novas idéias – como em reuniões denominadas *brainstormings* –, a máxima de que a soma das partes é maior que a soma do todo se aplicará ao trabalho em equipe, como atesta mais uma vez o professor Stephen Robbins: "Se a *criatividade* for o importante, os grupos tenderão a ser mais eficazes que os indivíduos. E, se a eficácia significar o grau de *aceitação* final, o voto irá novamente para o grupo"[5] (ROBBINS, 2002, p. 235, grifos do autor).

Vale lembrar, porém, que essa sinergia não acontecerá por encanto, devendo haver uma preparação e planejamento para que a "alquimia" se realize, conforme Cohen e Fink (2003, p. 132-133) asseguram: "Nenhum grupo pode esperar ser instantaneamente eficaz. [...] os grupos precisam resolver questões de pertencimento antes de poder focalizar questões de confronto e alcançar expectativas de trabalho viáveis." Os autores citam também a importância da experiência e das expectativas que são diferentes em cada membro de cada grupo, o que pode tornar mais rápida ou mais lenta uma decisão ou a eficácia de um grupo, confirmando o que já descrevemos anteriormente neste capítulo. Assim, chega-se ao trinômio reunião-equipe-decisão, a partir do qual sempre se espera um resultado final, para a organização, que seja mais positivo do que o resultado de que já se dispunha antes de a reunião acontecer.

Na medida em que não existem na prateleira soluções prontas que satisfaçam a todas as empresas e os grupos podem variar de comportamento em função das peças que os compõem, Daniel Goleman (1988), chamando a atenção para os perigos dos desvios individuais, lança o seguinte olhar sobre essa questão:

"Na maioria das vezes, reuniões são uma maneira deficiente de extrair o melhor das pessoas e [...] uma das forças mais destrutivas num grupo pode ser o participante que se esforça mais do que todos os demais. Os grupos podem funcionar [...] quando há equilíbrio entre um sentimento de solidariedade e um foco na tarefa em mãos e quando esta é adequada ao grupo" (GOLEMAN, 1988, apud COHEN e FINK, 2003, p. 135).

---

[5] O autor cita o exemplo de W. C. Swap e Associates, Group Decision Making (Newbury Park, CA: Sage, 1984).

Nesse mesmo contexto, Robbins (2002, p. 242) é mais categórico na defesa do trabalho grupal ao afirmar que "o grupo é a matéria-prima ideal para a construção de uma organização, e não os indivíduos". Robbins (2002, p. 250), entretanto, faz uma distinção, entre "grupo" e "equipe". Ele afirma que um grupo de trabalho é "aquele que interage basicamente para compartilhar informações e tomar decisões para ajudar cada membro com seu desempenho em sua área de responsabilidade". Já uma equipe, na visão desse autor, é algo que transcende o trabalho em grupo, pois "gera uma sinergia positiva por meio do esforço coordenado. Os esforços individuais resultam em um nível de desempenho maior do que a soma daquelas entradas individuais".

Ao definirem o conceito e as características de um grupo, Proshansky e Seidenberg (1965), possivelmente sem quererem fazer distinção entre grupo e equipe, possivelmente sinônimos na época, já atestavam que as "relações entre os membros emergem da interação entre eles e, ao mesmo tempo, trazem conseqüências para a interação dos membros do grupo, comprometidos com um objetivo comum" (PROSHANSKY e SEIDENBERG, 1965, apud AGUIAR, 2005, p. 381).

Diversos autores utilizam essas denominações – grupo e equipe, ou, ainda, times – com o mesmo sentido, embora indevidamente na opinião de Chiavenato (2005):

> *"O desempenho de um grupo de trabalho é uma função daquilo que os membros fazem como indivíduos. O desempenho de uma equipe inclui resultados individuais e o que chamamos de produto do trabalho coletivo: aquilo que dois ou mais membros trabalhando juntos produzem como uma contribuição real."*

A partir desses estudos sobre a eficácia e legitimidade das equipes, entende-se que é possível ter equipes com características diferentes que merecem ser consideradas, conforme conceitua ROBBINS (2002, p. 250-253):

- Equipes de solução de problemas: grupos de 5 a 12 funcionários do mesmo departamento que se reúnem algumas horas por semana para discutir formas de melhorar a qualidade, a eficiência e o ambiente de trabalho.

- Equipes de trabalho autogerenciadas: grupos e 10 a 15 pessoas que assumem as responsabilidades de seus antigos chefes.

- Equipes multifuncionais: funcionários do mesmo nível hierárquico, mas de diferentes setores da empresa, que se juntam para cumprir uma tarefa. Também podem ser denominadas forças-tarefa ou comitês.
- Equipes virtuais: usam a tecnologia da informática para juntar fisicamente seus membros dispersos, a fim de que possam atingir seus objetivos comuns.

Assim, seja num projeto específico ou em reuniões de trabalho, espera-se que as equipes atuem proativamente, contribuindo para o construto da organização. Recentemente, com a difusão das novas TI e o crescimento da colaboração a distância, economiza-se tempo de deslocamentos para a tomada de decisão, abrindo-se espaço para respostas quase que instantâneas a determinadas demandas organizacionais, proporcionando assim rapidez e competitividade aos administradores que já operam nesses ambientes. São as chamadas equipes virtuais.

Chiavenato (2005) e Daft (2005) afirmam que por meio de equipes virtuais os seus integrantes podem realizar diversas comunicações por meios eletrônicos como os *e-mails*, os *chat rooms*, as conferências telefônicas, o fax, as transmissões via satélite (vídeo e audioconferência), os *web sites*, entre outros. Daft (2005, p. 454) acrescenta que

> *"Embora algumas equipes virtuais possam ser compostas somente de membros organizacionais, as equipes virtuais, muitas vezes, incluem trabalhadores contingentes, membros de organizações parceiras, clientes, fornecedores, consultores ou outras pessoas de fora."*

Robbins (2002), entusiasta das equipes virtuais, confirma essa tendência ao afirmar que essas equipes "permitem que as pessoas colaborem *on-line* – utilizando meios de comunicação como redes internas e externas, videoconferência ou correio eletrônico –, estejam separadas apenas por uma parede ou por um continente" (ROBBINS, 2002, p. 253).

A disponibilidade, embora repentina, dessa gama de recursos tecnológicos acabou, naturalmente, desaguando em soluções que podem melhorar o desempenho das pessoas e, em última análise, das organizações que se valem desses recursos, como assegura França (2006):

> *"A equipe virtual tornou-se muito popular nas empresas, particularmente a partir dos anos 1980, quando pressões por redução de*

custos[6] e necessidade por informações e respostas mais rápidas tornaram-se lugar-comum nas organizações. Além disso, o desenvolvimento tecnológico permitiu maior interação e cooperação, e passou a ser chamado de workgroup consulting."

Embora seja inegável, como já se afirmou anteriormente, a importância de contato visual com os interlocutores com os quais os administradores negociam soluções – como nos encontros pessoais ou em reuniões presenciais –, pode-se projetar que os jovens, que estão e estarão assumindo os postos de trabalho daqui em diante, já têm uma visão segura e natural de que as comunicações entre pessoas por meios eletrônicos são tão ou mais produtivas que as relações presenciais.

Quanto à questão da multifuncionalidade das equipes virtuais, aquelas que assumem diferentes papéis ao mesmo tempo, Robbins (2002) afirma que:

*"As equipes virtuais podem fazer tudo o que as outras equipes fazem – compartilhar informações, tomar decisões, realizar tarefas. Podem incluir membros da mesma organização ou fazer a ligação entre os membros de uma organização e os de outras empresas (por exemplo, fornecedores ou parceiros). Podem **reunir-se por alguns dias para a solução de um problema**, alguns meses para a conclusão de um projeto ou permanentemente"* (ROBBINS, 2002, p. 254, destaques nossos).

França (2006) complementa a tese sobre esse modelo adotado por diversas empresas, notoriamente as mais competitivas, justificando o motivo pelo qual as empresas se valem cada vez mais desses recursos modernos:

"As empresas promovem equipes virtuais como forma de trabalho de seus funcionários e colaboradores. Uma das razões para isso é a necessidade de cooperação constante entre diferentes regiões geográficas. A constante nesses grupos é a possibilidade de interação sem o contato presencial. Equipes virtuais não são restritas à Internet, mas parece ser inegável que o desenvolvimento desse canal é a mola propulsora para sua popularização" (FRANÇA, 2006, p. 48).

---

[6] Em razão do lançamento de *Vantagem Competitiva*, de M. Porter, que definia liderança de custos como uma das formas de se obter vantagem competitiva.

França adverte ainda quanto à questão da metodologia a ser difundida nas empresas, os riscos a que estão sujeitas, bem como à importância das diferenças culturais:

"Atividades realizadas por esse tipo de grupo devem ser bem estruturadas, com metodologia clara e definida, que facilite o processo de comunicação e interação entre os membros. Isso porque a informação precisa ser explícita e contínua, para evitar que a comunicação se torne desordenada, subjetiva e dispersa. Outros aspectos a serem considerados dizem respeito às diferenças culturais, pessoais e de horários ao redor do mundo, que deverão ser levadas em conta na formação da equipe."

5.1 O *GROUPWARE*

Chega-se finalmente à apresentação de uma ferramenta de TI específica, objeto importante no contexto do presente estudo. De acordo com Robbins (2002, p. 239), "a mais recente abordagem da tomada de decisões em grupo mescla a técnica de grupo nominal com uma sofisticada tecnologia de informatização".[7] Trata-se da **reunião eletrônica**, uma técnica de grupo apoiada por computador, em que:

"[...] pessoas se sentam a uma mesa em forma de ferradura, cada uma com um terminal de computador à frente. As questões são apresentadas e os participantes digitam a resposta em seu terminal. Os comentários individuais, bem como os votos de cada um, são apresentados em uma tela de projeção colocada na sala" (ROBBINS, 2002, p. 239).

Discorrendo sobre os benefícios dessa tecnologia, Robbins explica que:

*"As principais vantagens das **reuniões eletrônicas** são o anonimato, a honestidade e a velocidade. Os participantes podem digi-*

---
[7] O autor cita os exemplos de A. R. Dennis e J. S. Valacich, "Computer Brainstorms: More Heads Are Better than One", Journal of Applied Psychology, agosto de 1993, p. 531-537; R. B. Gallupe e W. H. Cooper, "Braisnstorming Electronically", Sloan Management Review, outono de 1993, p. 27-36; e A. B. Hollingshead e J. E. McGrath, "Computer-Assisted Groups: A Critical Review of the Empirical Research", in R. A. Guzzo e E. Sallas (eds.), Team Effectiveness and Decision Making in Organizations, p. 46-78.

tar anonimamente qualquer mensagem e disponibilizá-la para os demais com apenas um toque em seu teclado. Isso também permite que eles sejam absolutamente honestos, sem medo de represálias. E o processo é muito rápido, pois elimina a conversação, não há digressão e todos podem 'falar' simultaneamente sem atrapalharem uns aos outros. **O futuro das reuniões de grupo incluirá, sem dúvida, o uso extensivo dessa tecnologia**" (ROBBINS, 2002, p. 239, destaques nossos).

Laudon e Laudon (2004) conceituam a reunião eletrônica, denominando-a *groupware*, como uma instância colaborativa que pode ser utilizada para contatos de pessoas que estão próximas ou não, e que:

"Provê funções e serviços que dão suporte às atividades colaborativas de grupos de trabalho. Inclui software para redação e comentários em grupo, compartilhamento de informações, **reuniões eletrônicas***, programação de e-mail e uma rede que conecta os participantes do grupo enquanto trabalham em seus computadores de mesa, freqüentemente em diferentes localidades distantes umas das outras" (LAUDON e LAUDON, 2004, p. 207, destaque nosso).*

Daft (2005) reforça esse conceito do *groupware* apoiando o trabalho das equipes, e também sobre a questão da localização geográfica dos participantes desses contatos virtuais:

"Algumas vezes chamados de sistemas de trabalho em grupo, *os sistemas de* groupware *permitem que as pessoas interajam entre si em um ambiente eletrônico de reuniões e ao mesmo tempo aproveitem os dados de apoio por computador. O* groupware *apóia o trabalho em equipe virtual e global, facilitando o compartilhamento eficiente e preciso de idéias e a execução simultânea de tarefas. Os membros das equipes em áreas geográficas diferentes, com conhecimentos variados, conseguem trabalhar juntos tão facilmente como se eles estivessem na mesma sala" (DAFT, 2005, p. 501, grifos do autor).*

Segundo Ellis, Gibb e Rein, citados por Soto (2002), trata-se de uma ferramenta das mais valiosas nas atividades empresariais, pois:

"o programa groupware *ajuda a coordenar grupos e trocar idéias, facilitando o consenso nos acordos para a tomada de decisão, inclusive nas situações mais difíceis. No* brainstorming *eletrônico [...]*

os integrantes da equipe, cada um dos quais se sentirá estimulado a produzir outras idéias [...]" (ELLIS, GIBB e REIN, apud SOTO, 2002, p. 200).

Para Laudon e Laudon (2004, p. 334), para quem "[...] *groupware* é uma ferramenta especialmente poderosa para alavancar seu patrimônio do conhecimento", essa tecnologia tem as seguintes características em suas diferentes aplicações:

QUADRO 5.1 Características do *Groupware*

Publicação	Apresentar documentos e trabalhar simultaneamente no mesmo documento, com múltiplos usuários, juntamente com um mecanismo que rastreia as alterações feitas nesses documentos
Duplicação	Manter e atualizar dados idênticos em múltiplos PCs e servidores
Rastreamento de discussão	Organizar discussões entre muitos usuários sobre diferentes tópicos
Gerenciamento de documentos	Armazenar informações de vários tipos de *software* em um banco de dados
Gerenciamento do fluxo de trabalho	Movimentar e rastrear documentos criados por grupos
Segurança	Evitar acesso desautorizado a dados
Portabilidade	Capacidade que um *software* para uso móvel tem de acessar a rede corporativa quando em trânsito
Desenvolvimento de aplicação	Desenvolver aplicações customizadas de *software*

Fonte: LAUDON e LAUDON, 2004, p. 334.

Ainda de acordo com Laudon e Laudon (2004, p. 271), "embora o *e-mail* tenha se tornado uma valiosa ferramenta de comunicação, o *groupware* oferece capacidade adicional para comunicação e trabalho colaborativo no âmbito da empresa".

5.2 A VIRTUALIZAÇÃO DAS EQUIPES

O fato, diante dos conceitos apontados descritos por diferentes autores, é que já se passa a discutir em diversas fontes quais são as ferramentas de tecnologia da informação que apresentam desempenho mais eficiente e eficaz para o estabelecimento de comunicações rápidas ou para a realização de reuniões virtuais, o que por si só representa uma constatação de que o uso dessas tecnologias passa a representar um fator de diferenciação para as empresas que necessitam "ganhar tempo" e manter seus colaboradores bem-informados, sintonizados e atentos às mudanças dos ambientes interno e externo. A opção ou intensidade de utilização de cada ferramenta seguramente dependerá da vantagem que puder ser agregada ao negócio da empresa.

Observe-se, como uma variante do contexto tecnológico ora apresentado, o caso fictício a seguir apresentado por Cohen (2003, p. 133):

> *"Reuniões por meio do computador são rápidas, honestas, anônimas – e silenciosas: Uma acalorada reunião está em pleno curso. Esta empresa não tem líder – 'nem visão', diz um dos frustrados participantes. 'Por que você está sendo tão defensivo?', pergunta outro. Alguém intervém: 'Chega – já estou procurando outro emprego.' Bastante agressivo se essas pessoas estivessem conversando face a face. Mas não estão. Estão sentadas lado a lado, silenciosas, na frente de seus microcomputadores, digitando mensagens anônimas que piscam num telão na frente da sala."*

Cohen (2003) oferece também uma contribuição importante quando compara as vantagens e desvantagens do uso da mensagem eletrônica nas comunicações. Como vantagens ele cita a rapidez do processo, já que todos falam ao mesmo tempo no ambiente virtual; a promoção da honestidade por meio do anonimato; a sensação dos participantes de terem contribuído para a tomada de decisões; e um registro impresso dos resultados obtidos ao final das deliberações e decisões. Já como desvantagens ele aponta: a exigência de pensar e digitar simultaneamente; a oferta do mesmo tempo às más idéias; e o fato de não se dar muito crédito às idéias brilhantes que porventura surjam no meio das discussões.

Por seu turno, em sentido contrário ao apresentado até agora, França (2006) apresenta algumas restrições às novas tecnologias quando empregadas em comunicações virtuais:

> *"Em um chat, por exemplo, muitas vezes é possível usar os recursos disponíveis, mas esses se mostram ineficientes para estabelecer uma comunicação adequada. Nas discussões via e-mail, as principais frustrações referem-se à falta de sincronia das ações: os horários de*

um indivíduo podem deixá-lo fora da discussão e sem oportunidade de opinião. O fato de os membros trabalharem isolados por várias horas também parece gerar frustração e esvaziamento no fluxo de decisões" (FRANÇA, 2006, p. 49).

Já Robbins (2002) apresenta como contribuição importante a essa discussão um detalhado estudo comparativo avaliando as diferentes modalidades de comunicação entre grupos:

Quadro 5.2 Avaliação da Eficácia dos Grupos[8]

Critério de eficácia	Tipos de Grupo			
	Interação	*Brainstorming*	Nominal	Eletrônica
Número de idéias	Baixo	Moderado	Alto	Alto
Qualidade das idéias	Baixo	Moderado	Alto	Alto
Pressão social	Alto	Baixo	Moderado	Baixo
Custo	Baixo	Baixo	Baixo	Alto
Velocidade	Moderado	Moderado	Moderado	Alto
Orientação para a tarefa	Baixo	Alto	Alto	Alto
Potencial de conflitos interpessoais	Alto	Baixo	Moderado	Baixo
Sensação de realização	Alto a baixo	Alto	Alto	Alto
Comprometimento com a solução	Alto	Não se aplica	Moderado	Moderado
Desenvolvimento de coesão do grupo	Alto	Alto	Moderado	Baixo

Fonte: ROBBINS, 2002, p. 240.

Percebe-se que os contatos profissionais eletrônicos têm uma nítida vantagem na maioria dos quesitos apresentados, embora se deva atentar para as ressalvas apresentadas por outros autores citados anterior-

---

[8] Baseado em J. K. Murnighan, "Group decision making: what strategies should you use?" Management Review, fevereiro de 1981, p. 61 (ROBBINS, 2002, p. 240).

mente, destacando-se mais uma vez que a conveniência particular deverá presidir a escolha do método mais adequado, e que essa opção nunca será uma solução definitiva, mas sim transitória, já que modernas tecnologias e mudanças estarão sempre por vir.

Sobre o fenômeno da modernidade, da qual não se tem controle, pelo que acabou de ser exposto, Bauer (1999, p. 224) destaca de forma singular que "profissionais mudam seus procedimentos e introduzem novas tecnologias porque é isto o que profissionais fazem e sabem como fazer. Uma organização que é moderna adota novos conceitos porque é isso o que ser moderno significa".

Discorrendo mais sobre a ciência diante da mudança, Bauer (1999) cita Heisenberg: "o que observamos não é a natureza em si, mas a natureza exposta ao nosso método de questionamento; assim, não pode existir nenhuma ciência única, estritamente objetiva, e o estudo dos 'métodos de questionamento' (a epistemologia) passa a ser tão importante quanto o estudo da natureza em si" (HEISENBERG apud BAUER, 1999, p. 122).

Vale o registro de França (2006) sobre o foco no homem, que deve ser sempre o maior beneficiado em todas as investigações que possam contribuir para as melhorias nos ambientes organizacionais:

> "Nas organizações, o conhecimento não se encontra apenas nos documentos, bases de dados e sistemas de informação, mas, também, nos processos de negócio, nas práticas dos grupos e na experiência acumulada das pessoas. Na era do conhecimento, busca-se o homem global, o homem integrado" (FRANÇA, 2006, p. 99).

NOTÍCIA

Embratel traz para o Brasil sistema que revolucionará as reuniões virtuais

Interagir com os colaboradores ou executivos de várias unidades da empresa como se todos estivessem sentados numa mesma mesa de reunião é o que promete o novo sistema de reuniões virtuais chamado telepresença. A Embratel comprou essa nova tecnologia criada pela americana Cisco e depois disponibilizará o sistema para outras companhias interessadas.

Lançado no ano passado, o produto surgiu da pressão de clientes por tecnologias de comunicação virtual cada vez mais eficientes. O sistema simula uma mesa de reunião onde todos os participantes da teleconferência parecem estar juntos. A definição das imagens é quatro vezes maior que a de um DVD, mostram as pessoas em tamanho natural, dando a sensação de que todos estão presentes fisicamente.

O foco da Embratel na comercialização do sistema serão as grandes empresas que estão geograficamente dispersas, dentro ou fora do país. No futuro, a Cisco pretende oferecer o sistema para ser implantado na casa das pessoas, aproveitando a chegada da TV digital.

Fonte: O Globo / Relatório RH (8/10/2007)

Mais adiante serão apresentadas ainda as peculiaridades da reunião por **videoconferência**.

O que É um *Blog* Corporativo?

Muitas empresas estão se utilizando de uma outra moderna ferramenta para aumentar a integração entre seus colaboradores, o ***blog* corporativo**.

A jornalista Cynthia Magnani, especialista em comunicação empresarial, explica essa nova tendência.

O que é um *blog* corporativo?
Cynthia Magnani – Os estudiosos e profissionais mais envolvidos com as novas tecnologias de comunicação ainda não chegaram a uma definição do *blog* corporativo. Principalmente porque ainda é uma ferramenta pouco utilizada, principalmente no Brasil, apesar de as maiores e mais importantes corporações já terem percebido a importância de uma comunicação cada vez mais eficaz, próxima e transparente com seus *stakeholders*. Pode-se afirmar, no entanto, que é uma nova forma de criação de comunidades na Internet, que propicia comunicação rápida e interativa entre pessoas de qualquer parte do mundo.

Como as pessoas interagem por intermédio dele?
Cynthia Magnani – Criar um *blog* é tarefa relativamente simples. Existem vários *sites* especializados na hospedagem deles, mas para fazer um *blog* corporativo é preciso tomar certos cuidados que podem definir se o *site* terá sucesso e vida longa ou se fracassará logo nas primeiras semanas no ar. O *blog* corporativo é criado por uma empresa, mas, como a essência dessa ferramenta está justamente na proximidade e no aspecto humano da comunicação, o mais indicado é que seja escolhido um mediador, chamado "blogueiro", uma figura humana com a qual os visitantes do *blog* se relacionarão diretamente.

Para isso, a empresa pode contratar um profissional, de preferência da área de comunicação, ou escolher um colaborador dentro de seu próprio quadro. Ele teria as funções de postar novos comentários, responder os comentários dos visitantes com uma freqüência que não deve ultrapassar cada dois dias pelo menos (já que o *blog* é uma ferramenta essencialmente dinâmica) e cuidar para que os comentários dos visitantes se mantenham sempre dentro do tema proposto pelo *site* – que pode ser um produto ou serviço oferecido pela empresa, ou um tema relacionado a eles.

Por exemplo, uma universidade não precisaria abordar em seu *blog* apenas assuntos ligados aos seus cursos, aos seus professores etc. Poderia falar de intercâmbio, carreiras, hábitos e costumes dos jovens etc. Aliás, dessa forma, a empresa torna o *site* mais interessante, pois amplia o leque de interessados e consegue atrair mais visitantes, comentários, e, assim, pode divulgar sua imagem institucional a mais pessoas.

Um *blog* voltado para os próprios colaboradores da empresa também não precisa ficar restrito a anúncios do RH. Os funcionários podem expor dúvidas, fazer comentários sobre seu relacionamento com a diretoria ou com os outros funcionários, sugerir novos produtos. O importante é que não haja interferência direta da empresa nos comentários dos visitantes, tampouco nos *posts* do administrador do *blog*. Definir uma política de relacionamento, no entanto, ajuda a evitar comentários que contenham palavrões, ofensas, assuntos confidenciais e outros que possam prejudicar a empresa de alguma forma.

Além disso, o criador do *blog* pode colocar em sua página *links* para outros *blogs* relacionados ao mesmo tema do seu, aumentando ainda mais a rede de visitantes e a divulgação de suas idéias.

Quais as vantagens e desvantagens dessa ferramenta?
Cynthia Magnani – A maior vantagem é a liberdade que os visitantes têm para escrever o que quiserem, dentro do tema proposto pelo *blog*, e

a integração que existe entre os visitantes. Eu diria que a maior desvantagem do *blog* está atrelada a outra de suas vantagens: o dinamismo na divulgação de idéias. Em seu livro, *Blog Corporativo*, Fabio Cipriani cita o exemplo do *blog* Halloween M3, do fabricante de automóveis Mazda: "Seu escritor publicava vídeos sobre o Mazda 3 e alegava tê-los encontrado na TV pública, o que não era verdade. A exclusividade do vídeo levou os blogueiros da Internet a decifrar que a própria agência de publicidade da Mazda manipulava os textos e colocava os vídeos em um servidor web de alta qualidade. A campanha afundou." O exemplo mostra como a falta de ética e de cuidado com os princípios do *blog* – transparência, integração e liberdade – pode fazer com que muito tempo e dinheiro gastos no projeto desçam pelo ralo.

Como está avançando a sua utilização?
Cynthia Magnani – O *blog* pode ser utilizado pelas empresas como meio de comunicação de marketing, ferramenta de relações públicas e comunicação interna, e na gestão de relacionamento com clientes, mas no Brasil ainda são poucas as empresas que despertaram para essa nova possibilidade e se lançaram na "blogosfera".

Qualquer empresa pode usar esse recurso?
Cynthia Magnani – Qualquer empresa pode criar seu próprio *blog*. Basta definir qual será seu objetivo e trabalhar para não se afastar dele.

Que tipo de empresas já lançaram mão dele?
Cynthia Magnani – Para citar apenas alguns exemplos: no Brasil, Urbi et Orbi, Natura, Yamaha, O Globo, Fiat Brasil; e no exterior, General Motors, Microsoft, Lego, Hitachi, Amazon, Nike, Sony, Adobe.

Mais alguma novidade está por vir?...
Cynthia Magnani – Muitas empresas estão constituindo verdadeiros escritórios no Second Life, ambiente virtual que já movimenta quase US$30 bilhões, cerca de 3% do PIB brasileiro! No mundo, o Second Life já conta com mais de 8 milhões de usuários, 400 mil só no Brasil [julho de 2007]. Além de ser um bom meio de divulgação das empresas, permite transações com custos baixíssimos! É como os *sites* de venda. As empresas não gastam com a infra-estrutura de lojas, nem com contratação de vendedores... Não sei se há empresas fazendo reuniões e encontros por esse meio, mas é muito provável...

PARTE III

Características Gerais das Reuniões

CAPÍTULO 6

Tipos de Reunião

Percebemos até aqui que por um recorte multidisciplinar, percorrendo várias disciplinas que compõem o espectro organizacional (como administração do tempo, negociação, processo decisório, sistemas de informação, liderança, trabalho em equipe etc.), podemos desenhar um cenário que retrate como as reuniões de trabalho influenciam a vida das pessoas e das empresas, sejam elas partícipes nos níveis estratégico/tático/operacional das empresas ou clientes externos diversos.

Um fato primordial que se deve ter em conta quando se fala em reuniões reside em que a cultura geral sobre o assunto divide a reunião em dois tipos extremos:

- *Colaborativas*, geralmente compostas de pessoas que atuam no ambiente interno das organizações e onde se busca a resolução de problemas e conflitos, ou que tentam mobilizar os colaboradores para a indicação de inovações que provoquem mudanças estratégicas, táticas ou operacionais.
- *de Negociação*, em que os elementos envolvidos geralmente estão em lados opostos, vivendo conflitos ou dilemas, buscando avaliar alternativas e propostas que permitam o alcance do chamado "mínimo denominador comum". Podem ser patrocinadas igualmente entre pessoas que compõem o ambiente interno ou que envolvem

também agentes externos à empresa (fornecedores, compradores, clientes, órgãos públicos, sindicatos, comunidades, entre outros).

Brainstorming?

Literalmente, "tempestade de idéias", consiste em uma reunião na qual um grupo de pessoas busca encontrar idéias ou soluções novas, de forma a oferecer alternativas diversas de ação, em função de diferentes cenários que possam ser imaginados e produzidos, para um determinado empreendimento.

De acordo com Kinchescki (2002), o método de *brainstorming* divide-se em três fases:

1. livre exposição de abertura, com a apresentação do problema por um membro (normalmente o líder de uma equipe), em torno de 15 minutos;
2. exposição das idéias, fase produtiva do *brainstorming*, em torno de 1 hora;
3. escrutínio, em que ocorre a seleção das idéias mais bem acolhidas, em cerca de 15 minutos.

Segundo Kinchescki, um grupo de *brainstorming* deve ter no máximo 12 participantes, se possível com um mesmo nível sociocultural; e as seguintes recomendações são apropriadas no início dos trabalhos:

- a imaginação livre será bem recebida, mesmo que as idéias apresentadas pareçam absurdas;
- a preocupação é de se produzir o máximo de idéias no mínimo de tempo, devendo a quantidade prevalecer sobre a qualidade na fase intermediária;
- a crítica e autocrítica de uma idéia emitida são rigorosamente proibidas ao longo da sessão;
- é permitido e desejável ouvir idéias e associá-las a uma outra, original ("isso que você falou me faz pensar ainda em algo do tipo...").

Para o completo sucesso dessa técnica, é fundamental que o participante se sinta livre para expressar suas idéias, aberto à criação.

CAPÍTULO 7

Objetivos das Reuniões

Além de permitir fóruns negociais, como dito anteriormente, as reuniões propiciam:

- a revelação de oportunidades que favorecem o compartilhamento de experiências e de informações;
- a construção de uma unidade ou coletividade entre os colaboradores;
- a avaliação de etapas e ações planejadas, de modo a comparar os resultados obtidos e, se for necessário, ajustarem-se os planos;
- a integração e fortalecimento grupal, aumentando o senso de pertencimento à organização.

A reunião é sem dúvida um dos recursos mais utilizados pelas empresas para gerirem seus negócios, traçarem estratégias, tomarem decisões e buscarem a perpetuação de suas marcas.

CAPÍTULO 8

Nivelamento das Reuniões

Em função do conteúdo da pauta e dos objetivos das reuniões, podemos realizá-las em diferentes níveis organizacionais:

- **Diretoria**, em que são tratados assuntos de natureza preponderantemente estratégica, com resoluções, definição de diretrizes e metas que poderão afetar todos os demais níveis da organização.
- **Área**, quando um setor específico da empresa precisa traçar objetivos e metas, discutir avanços e ajustes etc. Exemplo: o marketing (diretoria, gerências e outros empregados da área) está com dificuldades de atingir uma determinada população-alvo e para isso reúne-se para redefinir sua estratégia de ação.
- **Interdepartamental**, quando é necessária a participação de mais de uma área e de seus diferentes níveis para se alcançar determinado objetivo. Portanto, a interdisciplinaridade da discussão exigirá a participação e contribuição de departamentos conexos para a definição de ações que afetarão a todos.

  Exemplo: O marketing e a logística, através de seus responsáveis, reúnem-se para elaborar um plano para "atacar" um novo nicho de mercado.

- **Projeto**, em que pessoas funcionalmente independentes participam juntas da execução de um objetivo pontual que, ao ser cumprido, se auto-extinguirá.

Exemplo: A realização de um evento nacional sobre segurança no trabalho.

CAPÍTULO 9

Periodicidade das Reuniões

Como já foi dito, não devemos transformar a reunião num instrumento vulgar, em que expressões depreciativas sobre a técnica, e a má vontade, contribuam para o seu eventual fracasso. Necessário portanto que a sua convocação seja precedida de sua efetiva necessidade. É válida a sua realização nesse momento? É oportuna e necessária a convocação da equipe agora? Insistimos, não se realizam reuniões por qualquer motivo.

Podemos classificar a periodicidade das reuniões em:

- **Emergenciais**: são programadas sem um prévio aviso que favoreça o planejamento, em função da iminência de se discutir e decidir algo de suma importância para o futuro de determinado empreendimento.
- **Eventuais**: são convocadas ocasionalmente, quando não há alternativa de comunicação e/ou dissolução de problema que a substitua.
- **Periódicas**: são muito empregadas quando um grupo deseja, periodicamente, conhecer o "estado-da-arte" de um determinado negócio e/ou tomar decisões que alterem o seu curso. Vamos encontrar essa modalidade com maior freqüência, por exemplo, nos conselhos administrativos das empresas.

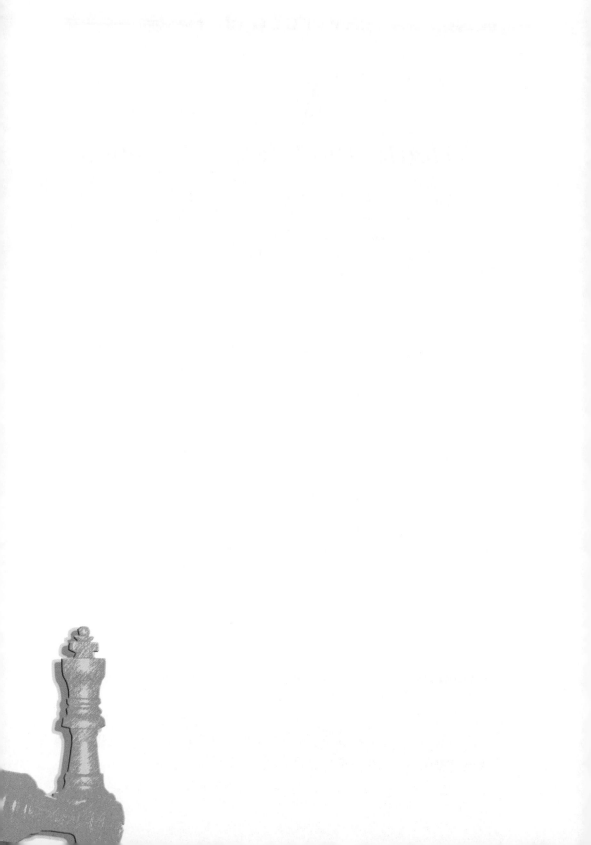

• CAPÍTULO 10 •

Planejando a Reunião

Se a reunião é inevitável, ela deve considerar os seguintes aspectos, com vistas à obtenção dos resultados esperados:

- Abrangência do assunto: se de fato os pontos que serão abordados no decorrer da reunião são de sua alçada e dos demais participantes.
- Relevância do assunto: se tudo o que será debatido está dentro de uma importância lógica ou se se devem retirar da pauta alguns itens que podem ser resolvidos de outra forma a fim de não desviar os participantes do que é prioritário e que geram perda de tempo. Lembre-se da matriz Urgente × Importante.

10.1 A "INFORMAÇÃO" É BOA?

Diante do enorme volume de informações geradas a todo momento, devemos estar atentos à qualidade das informações que nos chegam, ou seja: se a fonte é fidedigna e se os dados que estão sendo repassados ou gerados são de fácil comprovação.

Embora muitos de nós estejamos naturalmente propensos a partir do "princípio da veracidade" ao recebermos um *feedback* ou notícia sobre um novo evento, cautela e caldo de galinha não fazem mal a ninguém. Em situações de elevado grau de responsabilidade, busque a confirmação e o cruzamento de informações, o que poderá deixá-lo em posição vantajosa ao entrar em uma discussão com as informações mais precisas possíveis.

Por outro lado, oferecer acessos a informações é sempre elogiável e certamente contribuirá para o acúmulo de novos conhecimentos que auxiliarão a formação de um conceito e a decisão final. A propósito, vale a pena ler o artigo de Carol Kinsey Goman, cujo título é **Cinco razões pelas quais as pessoas não dizem o que sabem**, disponível em http://www.umtoquedemotivacao.com/administracao/cinco-razoes-pelas-quais-pessoas.

10.2 CUIDADOS QUE AJUDAM

Em uma reunião, o todo deve ser maior que a soma das partes. A provável aceitação, *a priori*, da presente colocação não a torna dispensável de uma visão abrangente. O pressuposto inicial que caracteriza uma reunião seria a existência de diversos personagens detentores de conhecimentos e habilidades específicos, e a intercessão desses conhecimentos e habilidades é que justificaria o próprio fato de estarem presentes na reunião.

Uma variante dessa preocupação apontada anteriormente é o "pensamento grupal" (*groupthink*), fenômeno que ocorre com certa freqüência em diferentes tipos de organização e sociedades em todo o mundo. Trata-se de uma disfunção em que a pressão da maior parte de um grupo, ou mesmo a ascendência ideológica de um líder carismático sobre um grupo, faz com que seja atingida a unanimidade em certas decisões em que, em condições normais, alguns indivíduos poderiam contribuir com argumentos diferentes daqueles apresentados.

Segundo o escritor americano Stephen Robbins (2002), esse comportamento descreve uma deterioração da eficiência mental do indivíduo, de seu senso de realidade e julgamento moral, como resultado da pressão do grupo.

Para minimizar esse problema, Robbins (2002) sugere:

- encorajar os líderes dos grupos a assumir um papel imparcial, evitando a manifestação de suas opiniões em um primeiro estágio de deliberação para que todos os demais participantes possam se pronunciar;

- indicar um membro do grupo para fazer o papel de "advogado do diabo", desafiando, permanentemente, a posição da maioria e oferecendo perspectivas diferentes;
- utilizar exercícios que estimulem a discussão ativa de alternativas diferentes.

10.3 IDENTIFIQUE O SEU PAPEL

Imagina-se que um participante saiba exatamente o porquê de sua presença em uma reunião.

Quem você é na reunião: participante ou coordenador? Claro que essa primeira identificação, apesar de óbvia, é fundamental. Como coordenador, você tem tarefas específicas que não terá como participante, tais como abrir, moderar, articular, provocar e fechar. Já como participante, suas tarefas tendem a ser predeterminadas por terceiros.

Assim, paradoxalmente, lembre-se de que o bom participante é aquele que evita ir a reuniões para as quais não tenha sido formalmente convocado. A garantia de tal exigência possibilita neutralizar aspectos não raramente responsáveis pela perda do objetivo e instauração de conflitos.

Uma vez formalmente convocado, cabe uma leitura atenta da pauta, procurando se certificar da data, do local, dos participantes e da temática.

Acesse de imediato sua agenda pessoal procurando identificar impossibilidades, como por exemplo algum outro compromisso inadiável. Nesse caso, um rearranjo rápido, seu ou de quem agendou a reunião, é a prioridade do momento.

Em algumas reuniões, o local exigirá deslocamentos longos, e, dependendo da data, poderão ocorrer problemas de transporte e hospedagem. Sua secretária deve estar habilitada para sanar qualquer problema dessa natureza que apareça nos processos envolvidos.

Observe, ainda, a distribuição da pauta, atentando para órgãos e pessoas estranhos aos objetivos da reunião. Você pode estar, inadvertidamente, compondo um álibi.

Havendo assuntos estranhos à sua competência ou área de atuação, sinta-se à vontade para questionar a pertinência de sua presença, ou, se for o caso, se não seria mais prudente a participação adicional de outra(s) pessoa(s).

Há que se verificar se a reunião inaugura uma nova discussão ou dá seqüência a uma temática tratada em reuniões anteriores. No segundo caso, identifique seu grau de atualização das discussões ocorridas até então e leve consigo um resumo dos fatos e situações ocorridos na reunião anterior. Onde posso contribuir melhor, ou que benefício posso obter da reunião? As dúvidas devem ser objeto dos esclarecimentos necessários antes que a reunião ocorra.

A presença ou a ausência deve ser, sempre, confirmada com a devida antecedência. Se for necessária a sua ausência, deve-se, se possível, indicar formalmente um representante, para não se deixar uma cadeira vazia.

Uma avaliação estratégica pode recomendar como melhor participação a indicação de representante, se permitido. "Quem veio não decide" proporciona soluções para muitos problemas. É claro que estamos nos referindo aqui a uma situação bastante específica em que, inicialmente, poderá ser estrategicamente interessante, à alta direção por exemplo, por intermédio de prepostos, apenas sondar as propostas que serão apresentadas para um dado investimento na área de publicidade, por exemplo. De posse dos projetos e das argumentações apresentados na reunião, poderão os efetivos decisores amadurecer suas impressões sobre a idéia e, posteriormente, em uma nova reunião, aprovar o investimento, com ou sem emendas, ou rejeitar a proposta, apresentando suas justificativas.

O participante deve ainda verificar se terá a possibilidade de apresentar recursos audiovisuais, se for o caso, assim como reproduzir documentos inerentes aos assuntos pautados.

Tendo seguido esse raciocínio, percebido a importância de uma reunião, identificado o papel a desempenhar, visualizado algumas dificuldades e percebido os alarmes vermelhos, já se pode ter em mente a própria resposta para a questão trivial: como se preparar para as reuniões?

10.4 FAMILIARIZAÇÃO PRÉVIA COM AS REFERÊNCIAS

Mesmo nos casos das reuniões inaugurais e emergenciais, a menos que o tema seja tão sigiloso que você não saiba qual o assunto, sempre é possível se buscar identificar o que existe sobre o tema, antes das reuniões. Se seu sistema de informações e de gestão de conhecimento for eficaz, uma pesquisa rápida poderá colocar em suas mãos alguns elementos importantes sobre o tema. Claro que certas reuniões, pela urgência ou pela novidade, dificultam essa busca.

10.5 ADMINISTRANDO EXPECTATIVAS

Explica-se melhor esse aspecto a partir do seguinte exemplo:

O foco é o lançamento de um produto e tem como atores da reunião profissionais da produção, do marketing, das vendas e do fornecimento de insumos. A seguir, busque identificar que expectativas estão presentes nas relações entre os atores e entre os atores e o foco. Vamos admitir, para começar, que o pessoal de marketing espera do produto novidade; o da produção, simplicidade; o do insumo, padronização; e o de vendas, oportunidade.

O esboço inicial ficaria assim:

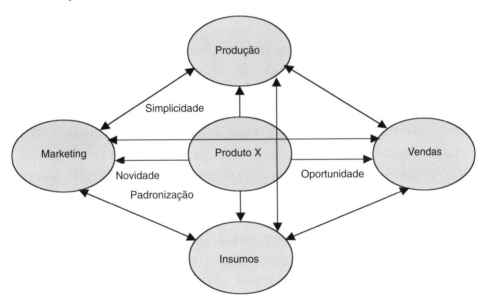

Observamos que existem setas duplas, ou seja, para esses ramos seriam necessárias duas palavras, uma relacionando a expectativa do ator A em relação ao ator B e outra no sentido contrário.

Procure utilizar uma palavra somente para caracterizar a expectativa e, finalmente, procure utilizar a mesma categorização para todas as palavras, ou seja, se vai utilizar em um diagrama um verbo no infinitivo denotativo de transação, todas as demais expectativas deverão ser verbos do mesmo tempo como: vender, comprar, trocar etc. No exemplo utilizado, as palavras devem ser substantivos de condição e operação, que foi a categoria utilizada nas quatro palavras escolhidas. Um dicionário analógico da língua portuguesa é excelente instrumento para essa fase do trabalho.

Como exercício, procure completar o diagrama anterior pensando nas palavras que, em sua opinião, devem representar melhor as diversas relações de expectativas.

A partir daí, observe como o diagrama o ajudará na atividade de preparação, já que fornece uma base de avaliação das expectativas dos personagens com relação ao resultado da reunião. O uso dessa ferramenta de análise, além de garantir maior objetividade no tratamento do tema, possibilita a construção de argumentos para intervenções, quando surgem digressões impróprias.

10.6 DEFINA SUA EQUIPE

Uma das falhas principais dos gerentes, em termos de participação em reunião, surge quando eles dividem os trabalhos em coisas que fazem parte do dia-a-dia e o que será discutido nas reuniões para as quais é convocado. Frases do tipo: "deixe que eu vá à reunião e vocês tocam isso que é mais importante" são frases que desqualificam a reunião *a priori*.

Tudo isso depende de sua posição na organização. No extremo, se você é um especialista convocado para participar de uma reunião de trabalho e tiver que ir sozinho, a sua equipe é você mesmo. Lembre-se, todavia, dos papéis que terá de desempenhar nesse caso.

Costuma-se sugerir que o número ideal de participantes em uma reunião fique entre 3 e 6. Em função da dinâmica do evento, um pequeno número de participantes pode trazer reais benefícios ao desenrolar da reunião, o que não significa, no entanto, que todos os resultados almejados serão alcançados, já que a eventual não-inclusão de personagens importantes pode comprometer o seu melhor fechamento. O mais produtivo, no nosso entender, sem uma preocupação extremada com o "número máximo" de convidados, é garantir a presença na reunião de:

- Quem decide.
- Quem conhece.
- Quem executa.

Convidar para a reunião pessoas que possuam diferentes pontos de vista e que possam, portanto, oferecer alternativas de solução para um mesmo problema pode ser um bom caminho para a construção de um consenso.

Resista, no entanto, à tentação de convocar "todos" para a reunião. Afinal, todos vivemos dizendo que não temos tempo a perder. Esse vício de convocar mais gente do que o necessário, muitas vezes, decorre de cautela ou preocupação em ter "deixado de fora" algum colega que poderia ficar "chateado" se não convidado. E, ao convocar pessoas dispensáveis, maior a possibilidade de elas atrapalharem o bom andamento pretendido para a reunião.

Atenção ainda ao nível intelectual das pessoas envolvidas em relação aos temas que serão tratados. Pessoas com pouco conhecimento sobre determinado tema tenderão a levar a reunião para o seu nível intelectual (onda mental), o que pode trazer prejuízo ao andamento da reunião. Se for inevitável a presença delas, tente antes da reunião levar até elas algumas informações essenciais que possam situá-las em relação ao que será discutido, evitando assim interrupções e explicações além da conta.

Vale ainda analisar com cuidado se todos os convidados para a reunião precisarão participar o tempo todo. Será que não seria mais benéfico para todos se fulano ou beltrano fossem liberados do restante da reunião após já ter sido discutido o assunto que exigia a participação deles? Certamente que sim.

10.7 ESTABELEÇA A ESTRATÉGIA DE AÇÃO

Aqui cabe pensar como neutralizar as ameaças e aproveitar as oportunidades, adequando esses possíveis cenários aos objetivos estabelecidos para a reunião. Lembre-se de que uma boa reunião é aquela que atinge os objetivos propostos dentro do prazo estipulado.

Sua atuação proativa será fundamental para a manutenção da disciplina e do foco para obtenção de resultados a partir da complementaridade de competências dos participantes. Disciplina nesse caso não significa ausência de conflitos de idéias que gerem soluções ou reflexões construtivas, mas sim um esforço concentrado de todo o grupo reunido.

Estabeleça uma seqüência lógica para o desenrolar da reunião, levando em conta, principalmente, as características de importância e prioridade de cada tema. Se ao fim do prazo alguns poucos assuntos ainda não tiverem sido discutidos, você terá pelo menos a certeza de já ter uma definição sobre o que era considerado o mais importante na pauta. Mas lembre-se de que o ideal é ter uma agenda concisa e limitada.

O que Deve Conter a Agenda?

A pauta da reunião é um dos itens mais importantes da agenda, pois servirá para controlar e dar senso de direção à reunião, além de dar oportunidade à manifestação tempestiva de quaisquer interessados sobre os assuntos ali arrolados. O ideal é que a agenda caiba em uma página, seja concisa, com os seguintes pontos:

- **Objetivo:** se é uma reunião para decisão coletiva, para aprofundamento de estudos, de *brainstorming* ou para troca de informações.
- **Local:** com os detalhes necessários para que os participantes não possuam dúvidas, com mapa incluído, se for o caso.
- **Dia e horário de início:** com a previsão de intervalos (se houver).
- **Responsável pela convocação e secretária:** se houver.
- **Participantes:** para que todos saibam quem são os demais convocados para a reunião.
- **Pauta:** os assuntos devem ser listados em ordem de importância decrescente e de sucessão lógica, de forma que, se a reunião não for concluída, por algum motivo, os principais assuntos terão sido discutidos. Se possível, indicando documentos a serem lidos ou acessados previamente.
- **Duração provável:** permitindo que todos programem seus compromissos após a reunião.

Exemplo de uma Agenda de Reunião

Objetivo: Definir grupo de tarefa para tratar da segurança com relação ao vazamento de informações estratégicas da empresa

Horário: 12 de maio de 2004, de 9 às 12h, com intervalo de 10:45 às 11h

Local: Miniauditório da sede Avenida X número N, 7º andar

Elemento de contato: D. Marinei – telefone (021) XXXX-XX XX. Fax: (021) YYYY-YYYY *e.mail* marinei@reuniao.empresa.com.br

Coordenação: Sr. Wallace – Gerente de Assuntos Estratégicos

Secretaria do evento: Dona Marinei – Secretária Executiva da Gerência

Expositor convidado: Dr. Rodrigo – Coordenador do Sistema de Proteção de Informações Sensíveis

Demais participantes:

Srª Marta – Gerente de Projetos Especiais

Sr. Edson – Gerente de Produtos

Sr. Muller – Gerente de Recursos Humanos

Sr. Adolfo – Gerente de Finanças e de Administração

Sr. Andrade – Coordenador de Gestão do Conhecimento

Desenvolvimento previsto:
- Abertura
- Apresentação do problema
- A visão do sistema de Gestão de Conhecimento
- Espaço aberto para debates
- Definição de prioridades
- Custos estimados
- Tomada de decisão
- Encerramento

Documentação de referência: Através de sua senha pessoal que estamos lhe enviando por *e-mail,* você deverá acessar e efetuar o *download* do arquivo "Vazamento de Informações".

Lembre-se: o conteúdo desse arquivo é classificado como sigiloso.

A distribuição da agenda da reunião deve ser feita com a maior antecedência possível (no mínimo 48 horas antes), distribuindo-a de forma impressa aos participantes, via fax ou por *e-mail*/intranet.

10.8 A SALA DE REUNIÕES

Dependendo do número de participantes e dos recursos necessários para a sua realização, poderá ser necessária uma sala de reuniões especial.

A sala de reuniões deverá ser preparada sempre de acordo com as especificações de cada reunião. A sala deve ser reservada com antecedência e com horário confortável que preveja eventual atraso no início e/ou prorrogação do término da reunião. Devem-se evitar salas em que os aparelhos de ar condicionado sejam barulhentos, visto que prejudicam a concentração do grupo.

Em função do número de convidados, a sala poderá ter diferentes arranjos de mesas e cadeiras:

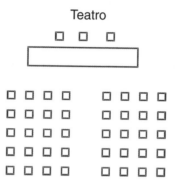

- **Teatro**: mais recomendado quando o número de participantes for elevado (a partir de 15). Não se deve, nesse caso, esperar uma participação ativa da platéia. Uma variação desse estilo é colocar as fileiras em formato de "espinha de peixe".

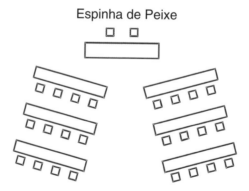

- Em "**V**": facilita a comunicação, pois todos podem se ver. No entanto, dependendo do número de mesas e cadeiras necessárias, pode ocupar muito espaço.

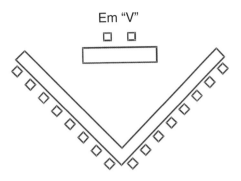

- Em "**U**": permite uma utilização racional do espaço, e cada participante pode ver os demais, o que facilita o debate.

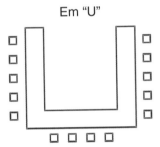

- **Mesa redonda, oval ou em círculo**: quando o número de participantes é pequeno (no máximo 10 pessoas). Esse formato coloca todos os participantes em igualdade de exposição, permitindo uma ótima interação. Pode porém causar desconforto se recursos de *flipchart*, quadro, vídeo e/ou *datashow* forem usados, uma vez que metade da audiência terá que se virar para ter uma boa visibilidade da apresentação.

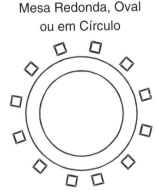

Nada mais inconveniente do que começar uma reunião "com o pé esquerdo" por causa da falta de planejamento do coordenador ou da secretária que assessora a reunião.

Portanto, poucas horas antes do início da reunião é sempre importante lembrar aos participantes convocados para a reunião sobre o compromisso agendado, aproveitando o contato (que pode ser feito por intranet, se for essa a cultura da empresa) para confirmar a presença. E nunca será perda de tempo pensar qual material de apoio e infra-estrutura, em geral, serão necessários para que nada perturbe o bom andamento da reunião.

Vale a pena manter em arquivos um *check-list* que sirva de referência para auxiliar na identificação dessas necessidades. Vamos sugerir um, reafirmando que cada reunião deve ser planejada de acordo com as suas próprias especificidades:

Check-List da Sala de Reuniões

- Sala ampla, ventilada, iluminada e limpa
- Mesas e cadeiras adequadas e suficientes
- Quadro(s) com canetas e apagador adequados
- *Flipchart*, papel e canetas próprios
- Papel, canetas, lápis e borrachas
- Lixeiras
- Retroprojetor (com lâmpada reserva) e tela
- Equipamento de multimídia/*datashow* (verificar cabeamento e sistemas) e tela apropriada
- Café, água e acessórios (copos, adoçantes, guardanapos etc.)
- Copiadora próxima à sala de reunião
- Banheiros próximos à sala de reunião
- Cartões de visita
- Calculadoras
- Relógio de parede
- Indicador a *laser*, para sinalizar tópicos na tela
- Fita crepe ou adesiva
- Grampeador e clipes
- Gravador/filmadora e fitas virgens

- Cortinas ou similares que diminuam a iluminação natural
- Microcomputador com acesso à Internet
- Impressora
- *Scanner*
- Tomadas para conexão 110/220 V
- TV 29" (ou a mais adequada)
- Videocassete
- DVD
- Cabos de conexão
- Aparelho telefônico com viva-voz
- Equipamento de videoconferência
- Crachás e/ou prismas para os participantes, caso haja pessoas presentes à reunião que não sejam conhecidas de todos (nesse caso, todos deverão portar a identificação)
- Pessoal de prontidão para eventualidades, de acordo com as peculiaridades de cada reunião (secretária, copeira, garçom, contínuo, operadores de copiadora e de equipamentos de multimídia/informática, tradutor, taquígrafo, fotógrafo etc.)

Certamente outros itens poderão ser acrescidos no *check-list* particular de cada um, dependendo das necessidades ou das características de cada reunião, notadamente aqueles itens relacionados às tecnologias que não param de evoluir proporcionando cada vez mais velocidade e conforto nos ambientes de trabalho.

Conveniente ainda será alertar as recepcionistas e telefonistas, e quem mais for necessário (porteiro, segurança e garagista, por exemplo), sobre a realização da reunião e pessoas que são esperadas (uma lista pode ser entregue ao responsável pelo acesso ao prédio), bem como o local para onde os convidados deverão se dirigir.

Antes do início da reunião, vale a pena alertar todos sobre os telefones celulares, que deverão ser desligados. Ressalvamos os casos de urgência, quando, por exemplo, alguém da família está enfermo ou dependendo de seu suporte urgente, a qualquer momento; ou, ainda, quando alguma informação crucial está sendo aguardada para subsidiar as discussões em andamento. No intervalo/*coffee-break*, pode-se acessar a caixa postal do celular tranqüilamente e efetuar/receber ligações.

Outro ponto polêmico, mas igualmente importante, é quanto à política que deve ser praticada em relação aos fumantes. Por via das dúvidas, recomenda-se a inexistência de cinzeiros no ambiente da reunião, o que por si só inibirá o tabagismo no local.

A oferta de doces e biscoitos na mesa de reunião também divide opiniões. Em reuniões de caráter estratégico, em que as decisões requerem alto grau de concentração, sugerimos banir tal prática. No máximo, o popular cafezinho e água para todos, e ainda assim em outra mesa ou bancada pouco afastada da mesa de reunião. Já outros são defensores das fartas guloseimas à mesa, principalmente quando as reuniões se revestem do caráter de verdadeiros *brainstormings,* pois serviriam para aguçar a criatividade e obter novas idéias. Nesses casos, dizem os cientistas, o chocolate sobretudo atua fortemente como ingrediente desinibidor e excitante, ao liberar serotonina* no organismo de seus apreciadores. Outra opção, quando a reunião for inevitavelmente longa, é se estipularem intervalos em que poderão ser servidos bebidas e salgados/doces.

Quando a reunião contar com a participação de pessoas convidadas de fora da empresa, ou que vierem de outras filiais, é prudente avisá-las quanto à disponibilidade de hotéis e estacionamentos próximos da empresa ou do local da reunião, bem como lhes oferecer infra-estrutura para traslados e de secretaria para marcação ou confirmação de vôos de retorno, se for o caso, e ainda para a recepção de recados telefônicos e/ou *e-mails* no decorrer da reunião.

As Especificidades da Videoconferência

Cabem ainda certos cuidados especialíssimos em relação às peculiaridades de uma reunião realizada por **videoconferência**:

- Levar em conta o fuso horário dos locais em que se encontrarão os diferentes participantes, procurando selecionar, portanto, o horário mais adequado ao conjunto dos envolvidos no encontro a ser programado.

---

*Serotonina, substância também conhecida como hormônio da felicidade. Em nosso organismo, a serotonina é diminuída em situações de tristeza ou depressão e tem sua produção aumentada quando comemos chocolates ou namoramos, por exemplo.

- É vital testar os equipamentos localizados em todos os escritórios que participarão da videoconferência.
- Evitar gráficos e tabelas, pois a definição da imagem de quem está recebendo o sinal em uma TV (como é usual) nunca será a mesma de quem está assistindo em um telão.
- Ter cuidado especial em relação ao vestuário, pois cores muito fortes podem tornar a imagem "gritante", chamando mais a atenção dos ouvintes do que a própria mensagem que se deseja transmitir.
- Ser mais disciplinado do que o normal, pois, como se diz popularmente, tempo é dinheiro, e a transmissão de uma videoconferência pode se tornar muito cara e até mesmo cansativa se o tempo não for empregado de forma parcimoniosa.

Precauções Também com o *PowerPoint*

Os cuidados com a transmissão de informações em reuniões não se restringem àquelas realizadas a distância, como nos casos em que se vale da videoconferência, mas também das reuniões presenciais em que, cada vez mais, se utiliza o *software PowerPoint* para a ilustração de idéias e condução da reunião.

Eis alguns cuidados que se deve ter ao utilizar o *PowerPoint*:

- Utilizar a ferramenta como um guia, destacando os principais tópicos (idéias-força) em tamanho de letra (no mínimo com o corpo 28 para os títulos e 24 para o texto) e contraste que não cansem a vista dos participantes. Textos longos passam a idéia de que o orador não domina o assunto e, portanto, se valeu do recurso como uma "cola" tecnológica, limitando-se a ler os *slides*.
- Evitar gráficos e tabelas que contenham muitos dados e detalhes, pois tornarão a leitura e o acompanhamento difíceis e igualmente cansarão a platéia.
- Restringir o número de *slides*, adequando-os ao tempo destinado à intervenção.
- Ter em mãos um *backup* de sua apresentação, se possível uma cópia em disquete e outra em CD-ROM.
- Fazer com antecedência o teste no micro que será utilizado durante a reunião.

- Verificar se há alguém disponível para passar os *slides* durante sua fala, caso não se disponha de um controle remoto para tal finalidade.
- Não se postar entre o projetor e a tela durante a exposição, pois, evidentemente, atrapalha a visualização da apresentação.

Dica Importante: Por último, preste atenção antes de sair de casa para o trabalho. Verifique se a sua agenda de trabalho prevê alguma reunião. Se sim, isso deverá influenciar a forma com que você irá se trajar naquele dia, ou mesmo os acessórios de seu vestuário que deverão estar disponíveis naquele dia especialmente. Talvez a reunião esteja programada para o final da tarde e somente naquele instante você sinta a necessidade de se valer da gravata e do blazer que levou consigo pela manhã em uma pasta ou mochila. Enfim, o que se deve ter em mente é que devemos cuidar da nossa imagem e de adequarmos o traje de acordo com os interlocutores que teremos ao longo da jornada, sem parecermos esnobes e tampouco em desalinho com o padrão da empresa ou com o ambiente onde atuaremos.

CAPÍTULO 11

Participando da Reunião

Estar presente com alguma antecedência no local da reunião pode lhe render frutos. Os atrasados interrompem os trabalhos, distraem os participantes e podem ser alvo de pilhérias, gerando digressões e perturbando o clima de partida.

Chegar mais cedo possibilita uma avaliação totalizante do ambiente. Não havendo marcação de assento, a escolha de lugar é sempre interessante. Mantenha-se diante do líder, em posição de ser visto e ouvido por todos. Aprecie as facilidades do ambiente e mentalize sua apresentação, procurando fazê-lo de olhos fechados, reforçando a memorização.

Dirija-se unicamente aos participantes, esboçando um sorriso. Aos que já fazem parte do seu relacionamento dirija palavras que o façam lembrar um bom momento vivido juntos. Não alugue ninguém, e, havendo tempo, dedique-se a uma releitura do seu material e das perguntas premeditadas que você dirigirá aos diferentes participantes. Não esqueça dos cartões de visita. Distribua-os aos participantes com os quais está tendo o primeiro contato.

Lembre-se de que você tem dois papéis possíveis: ou vai conduzir ou vai ser conduzido. Seu *script* já estabelece as linhas gerais de atuação. Mas existem ainda alguns outros cuidados especiais que você deve ter, dependendo do seu papel.

11.1 SE VOCÊ VAI CONDUZIR

Dirigir reuniões requer habilidade gerencial e, portanto, pode ser adquirida. A condução da reunião invariavelmente está associada a outras habilidades tais como: trabalhar em equipe, solucionar conflitos, tomar decisões, delegar, ser criativo, ter postura ética, bom senso etc.

Os demais participantes, por sua vez, não devem transformar o coordenador no único responsável pelo bom andamento da reunião. Devem solidariamente auxiliá-lo sempre que possível ou necessário.

O coordenador deve ainda ter decidido sobre a disposição das cadeiras na sala, ter vistoriado a sala pouco antes da reunião, testado seus arquivos/*slides* que serão projetados, e deverá sentar-se onde possa ser visto e ouvido por todos, o que não significa que deverá ser exatamente na cabeceira, mas sim próximo de seus assessores mais diretos envolvidos na reunião.

Normalmente quem conduz a reunião é quem a convocou. Se possível, leve uma pessoa para secretariar a reunião; se não houver essa possibilidade, escolha um secretário entre os participantes.

Iniciar a reunião na hora marcada significa não castigar os que já estão presentes – e que, portanto, se organizaram para o compromisso – e demonstrar aos "atrasados" que eles deverão se programar melhor numa próxima reunião. Exceção deve ser dada no caso em que o líder da reunião ou uma pessoa que dispõe de informações exclusivas for o atrasado, o que evidentemente – e infelizmente – impede o início ou prosseguimento do evento.

Antes de começar a reunião propriamente dita, caso haja participantes que não se conheçam no grupo, peça que cada um se apresente.

Ao conduzir uma reunião, em primeiro lugar você tem que dar a tônica dos debates. Tem que demonstrar organização e objetividade. São duas as funções básicas que um coordenador ou líder da reunião deve exercer:

11.1.1 Quanto ao Conteúdo

- **Leia a agenda**

Pergunte se alguém tem alguma objeção. Analise as propostas, demonstrando objetividade, afastando qualquer posicionamento que demonstre um desvio da meta prevista, mas adicionando as sugestões pertinentes.

- **Faça uma breve apresentação**

Com habilidade, você dirige o discurso para os participantes, tendo como base as expectativas que levantou previamente. Incentive nesse discurso inicial a participação ativa e solidária de todos ao longo da reunião, estabelecendo assim um clima de abertura, cooperação, comprometimento e confiança.

- **Faça com que todos se manifestem**

Se for o caso, solicite a um especialista no tema que faça a apresentação que vai dar a referência geral. Essa é uma boa oportunidade para confirmar as hipóteses que você atribuiu aos personagens. Anote as reações e ajuste seu *script*. Ao longo da reunião, estimule a discussão, incentive o emprego do "nós vamos fazer..." em vez do "eu vou fazer...". Evite também o emprego de frases do tipo "como é do conhecimento geral..." ou "é óbvio/evidente...", pois podem parecer ofensivas a determinados interlocutores. Vá direto ao assunto.

- **Seja imparcial (sempre que possível)**

O coordenador, via de regra, é antes de tudo uma pessoa interessada em colher informações de diversas fontes visando obter o consenso sobre as melhores alternativas de ação, é o catalisador do evento. Quanto mais resultados positivos obtidos sem a sua interferência direta, melhor. Não cabe, *a priori*, tão-somente, defender suas idéias e não considerar as demais porventura existentes. Se fosse assim não haveria a necessidade da reunião. Portanto, deve o condutor estimular a controvérsia e buscar, através dessa imparcialidade relativa, o mínimo denominador comum em benefício do todo. Isso não significa que ele não deva se posicionar nos momentos adequados, principalmente se estiver, também, na qualidade de principal estrategista da companhia ou à frente de determinado projeto, o que exigirá ainda que ele, permanentemente, avalie as alternativas, os cenários e os resultados possíveis.

- **Busque a convergência**

Dalledonne (2004) realça esse aspecto afirmando que:

> *"Como líder, uma das suas funções é, em um aparente mar de dispersões, identificar uma função coerente que faça com que as opiniões e pareceres tendam a convergir. Você precisa aprender a fazer isso. Em primeiro lugar, tenha na cabeça que, por mais preparada*

que tenha sido sua ação pré-reunião, nem todos fizeram o dever de casa, logo, a dispersão é natural por falta de uma chave de leitura, que você tem. Lembre-se do script, do diagrama de expectativas, das suas hipóteses, das leituras referenciais etc. [...] Use a chave como referência, induza os participantes a aderirem à pauta. Sempre que os desvios demonstrarem descolamento das referências, retome as referências e force o grupo a retomar o foco; use as sínteses parciais como forma de reduzir a dispersão, levante "questões de ordem"* ou interrupções estratégicas, como um coffee-break, por exemplo, para apaziguar ânimos. Aproveite esse intervalo para precisar posicionamentos com alguns elementos. Saiba utilizar uma situação do cotidiano para atrair a atenção comum. Crie um clima apto à convergência. Retome a reunião, fazendo um resumo e mostrando onde há divergências; com habilidade procure identificar os pontos possíveis de acordo; lembre-se de que muitas vezes a alternativa de solução de um problema não é o "isso ou aquilo" mas sim o "isso mais aquilo"; force a reorientação dos vetores; perceba os personagens que estão procurando convergir; dê espaço para que esses personagens atuem. Não permita a passagem de um assunto para outro da pauta sem que se tenha chegado a uma conclusão do item anterior."

- **Sintetize as idéias**

Não se sinta obrigado a responder, prontamente, a qualquer questão suscitada se não estiver seguro da resposta. Você pode, sem demérito, solicitar a ajuda de algum colega mais inteirado sobre a questão. Caso não haja alguém que possa auxiliá-lo, e se a informação solicitada não prejudicar o andamento da reunião, prometa oferecer a resposta o mais breve possível, após a reunião.

- **Assuma o processo decisório**

Como vimos anteriormente, diante do momento da tomada de decisão, muitas pessoas, simplesmente, não têm convicção sobre o que e como devem fazer para reduzir ao máximo as incertezas e os riscos das alternativas da ação escolhida.

---

*Questões de ordem são interrupções solicitadas pelo coordenador, ou, eventualmente, por um dos participantes, quando ocorre algum desvio de pauta/conteúdo, ou mesmo no caso de comportamento inadequado que esteja prejudicando o bom andamento da reunião. Sem entrar no mérito do que está desviando a reunião do foco, o coordenador apela para que todos retornem à atenção, às discussões e reflexões para os objetivos planejados para a reunião.

Max H. Bazerman (2004), professor da Universidade de Harvard, sugere que a tomada de decisão seja construída ao longo de seis etapas de um processo "racional":

1. **Defina o problema.** Muitas vezes os administradores agem sem ter um entendimento completo do problema a ser resolvido, o que os leva a resolver o problema errado. É preciso um julgamento refinado para identificar e definir o problema. Administradores freqüentemente erram por (a) definir o problema em termos de uma solução proposta, (b) deixar de notar um problema maior ou (c) diagnosticar o problema em termos de sintomas. Nossa meta deve ser resolver o problema, não apenas eliminar seus sintomas temporários.

2. **Identifique os critérios.** A maioria das decisões requer que o tomador de decisões alcance mais de um objetivo. Ao comprar um carro, você, provavelmente, vai querer maximizar o conforto, e assim por diante. O tomador de decisões racional identificará todos os critérios relevantes no processo de tomada de decisão.

3. **Pondere os critérios.** Critérios diferentes terão importâncias variáveis para o tomador de decisões. Aqueles que são racionais saberão que valor relativo atribuir a cada critério identificado (por exemplo, na compra do carro, a importância relativa da economia de combustível *versus* o conforto).

4. **Gere alternativas.** A quarta etapa do processo de decisão requer a identificação de possíveis cursos de ação. Tomadores de decisões muitas vezes gastam tempo demais de pesquisa buscando alternativas, criando uma barreira à tomada efetiva de decisões. Uma pesquisa ótima continua somente até seu custo ultrapassar o valor das informações adicionadas.

5. **Classifique cada alternativa segundo cada critério.** Quão bem cada uma das soluções alternativas atende a cada um dos critérios definidos? Muitas vezes essa é a etapa mais difícil do processo de decisão, pois comumente requer a previsão de eventos futuros. O tomador de decisões (racional) será capaz de avaliar as conseqüências potenciais da escolha de cada uma das soluções alternativas, segundo cada critério identificado. Identifique a solução ótima.

Teoricamente, continua Bazerman, depois de ter completado todas as cinco primeiras etapas, o processo de identificação da decisão consiste em (1) multiplicar as classificações da etapa 5 pelo peso de cada critério, (2) somar as classificações ponderadas de todos os critérios para cada alternativa e (3) escolher a solução cuja soma das classificações ponderadas seja a mais alta.

- **Induza o fechamento**

O grupo identificou o problema e suas causas, posicionou-se em relação às possíveis soluções, avaliou os impactos de cada alternativa, escolheu a(s) mais adequada(s) para ser(em) colocada(s) em prática, definiu responsabilidades, prazos de execução, e continua discutindo o mesmo assunto?!... Nada disso! É chegada a hora de o coordenador "bater o martelo" e dar como superada aquela questão, impedindo assim o surgimento de indagações que em sua maioria soam intempestivas e inoportunas, e partir de imediato para o próximo item da pauta ou dar por encerrada a reunião. Lembre-se de que "o ótimo é inimigo do bom". Na desmedida busca pelo "ótimo" perdemos muito tempo, enquanto o "bom" já poderia estar produzindo resultados positivos com menor custo.

11.1.2 Quanto ao Comportamento

Por mais que a reunião tenha como objetivo unir pessoas em prol de um objetivo comum, nem sempre as coisas vão acontecer como você deseja.

Em alguns momentos, existem visões conflitantes sobre o mesmo tema, existem predisposições que independem de argumentos entre personagens, existem receios acerca da perda de poder em suas áreas de atuação (se abrirem a guarda), existem incompreensões e existe o pior: quase todos odeiam reuniões.

Cabe a você impedir que os pontos de atrito se desenvolvam. Use sua autoridade para impedir os atritos de fundo meramente pessoal. Saiba interromper e mostrar a incoerência do posicionamento diante dos objetivos a alcançar.

Quanto ao fato de odiarem as reuniões, esse quadro poderá ser revertido com a sua liderança, a sua objetividade e a sua firmeza na condução dos trabalhos.

Quanto aos posicionamentos conflitantes, use a sua capacidade de perceber pontos comuns e pontos discordantes. Explore os pontos comuns para reduzir a animosidade entre as pessoas.

Quando perceber que a animosidade arrefeceu, peça a colaboração para que você entenda o motivo da discordância. Percebendo que são pontos com posicionamentos radicalizados, opte por constituir um grupo composto pelos personagens que se colocaram em posições diferentes para que eles, na próxima reunião, apresentem uma solução de consenso, ou então suspenda o item até que você obtenha posições de terceiros que possam eliminar as divergências.

Tenha ainda um cuidado especial com questões pessoais que um ou outro participante pode levantar se surgir uma oportunidade (muitas vezes chamada de "agenda oculta" ou "pauta secreta").

Você conhece bem seus colegas de trabalho?

Não se esqueça ainda que muitas vezes as pessoas com as quais você convive na sua empresa tenderão a se comportar de forma absolutamente estranha, diferente de seu estado normal: mudam a voz, os gestos, a postura etc. Parecem ser completamente diferentes, durante a reunião, daquelas pessoas que você conhece no cotidiano da empresa, fora da sala de reunião.

Também sabemos que há fatores externos, até mesmo de ordem fisiológica e/ou emocional, que podem afetar e alterar o desempenho de qualquer participante em uma reunião. Sobre isso não temos controle, a não ser tentar compreender a dificuldade do colega e tentar motivá-lo para o processo em curso.

- **Aprenda a lidar com os personagens problemáticos**

    "Se você conhece o inimigo e conhece a si mesmo, não precisa temer o resultado de cem batalhas. Se você se conhece, mas não conhece o inimigo, para cada vitória sofrerá uma derrota. Se você não conhece nem o inimigo, nem a si mesmo, perderá todas as batalhas...". A Arte da Guerra, Sun Tzu (544–496 a.C.) São Paulo: Martins Fontes, 2002.

    É claro que não devemos ver colegas de trabalho como inimigos, mas a leitura adequada, sem posicionamentos passionais, poderá nos facilitar muito o trabalho de compreensão das virtudes e defeitos de cada colaborador, e, assim, poderemos extrair deles todas as suas potencialidades positivas.

Os especialistas em dado assunto não são os únicos personagens que podem trazer problemas para quem conduz uma reunião. A literatura sobre personagens problemáticos é vasta e, por vezes, até anedótica. Você já deve ter visto alguma charge que relaciona os personagens a animais como o papagaio, a coruja e muitos outros. Selecionamos alguns desses tipos de personagens, seguidos de algumas recomendações que podem nos auxiliar na condução de uma reunião.

- **O retardatário** – esse é o personagem que chega sempre atrasado. Ainda que um atraso eventual não seja significativo, pode trazer problemas crônicos para o andamento futuro das reuniões.

  Recomendação: a pior coisa que um coordenador pode fazer é conceder tempo para o atrasado. A menos que esse personagem seja o centro da reunião, comece sem ele. Quando chegar, constranja-o um pouco, pedindo um tempo para resumir o que foi tratado antes de ele chegar. Se tal comportamento se repetir em outras reuniões, converse reservadamente com ele, fazendo-o perceber os problemas que está trazendo para a condução da reunião. Se o atraso às reuniões estiver sendo observado com freqüência na chegada de vários participantes, o problema poderá estar no horário das reuniões. Se possível, tente um horário que possa conciliar os interesses de todos.

- **O apressadinho** – é aquele personagem que nunca fica na reunião até o fim.

  Recomendação: conscientize-se de que esse tipo de personagem tende a desqualificar o final da reunião. Ainda que, eventualmente, a saída antecipada possa ser uma necessidade de algum elemento em particular, a repetição do fato cria um clima péssimo para os momentos finais, já que a ausência de um ou outro elemento pode prejudicar seus desdobramentos e conclusões. É preferível sacrificar coletivamente uma parte do tempo da reunião a, burocraticamente, forçar uma duração maior. Esse fato ocorre muito em reuniões realizadas fora da cidade em que residem os personagens que, por problemas de horários de vôo, precisam sair um pouco antes. Esse tipo de comportamento exige uma ação preventiva por parte do coordenador, mesmo que ainda não tenha identificado claramente o personagem, bastando para isso negociar o horário limite da reunião logo no seu início, de modo a que não haja espaço para nenhuma saída antecipada.

- **O repetitivo** – trata-se daquele personagem que se prende a determinado ponto, não consegue sair. Suas frases são intermináveis, e, por vezes, não sabe como encerrar sua fala. Outras vezes roda, roda e acaba repetindo, em outras palavras, o mesmo que havia acabado de dizer (tautologia).

  Recomendação: em tese, existem três hipóteses: ele pode estar certo, ele não percebeu que o seu argumento já superou o ponto em discussão ou simplesmente é um caso de personalidade. O coordenador precisa ter muita habilidade em perceber de que aspecto se trata. Vale a pena inicialmente verificar se as circunstâncias da reunião impediram que fosse realizada uma abordagem correta. Para isso, peça que ele exponha sua posição por um tempo curto. Confirmado o erro, procure corrigi-lo. Caracterizando-se um dos dois outros casos, retome a memória da reunião para controlar a situação.

- **O pessimista ou bloqueador** – é um personagem dos mais perniciosos. Para ele nada dará certo, é negativo e resistente. Um adorador da inércia. É profundo conhecedor da arte do terrorismo intelectual. Sua experiência é sempre utilizada para demonstrar a impropriedade de qualquer solução encontrada pelo grupo. Configura-se como um personagem que instila desmotivação ao minar as tentativas do grupo de obter resultados.

  Recomendação: a solução que se apregoa para neutralizar seu efeito é meramente tática. A percepção da sua existência exige que com habilidade o coordenador sugira que seja dado um tempo para livre apresentação das idéias por parte do grupo e, portanto, que ninguém pode emitir opinião. Tal procedimento tende a neutralizar, temporariamente, o pessimista. O uso eventual dessa tática pode retomar o ânimo dos participantes.

- **O do contra silencioso ou mímico** – esse tem uma certa semelhança com o anterior, mas é ligeiramente diferente. Sua característica é não dizer nada em palavras, mas fazê-lo por sinais não-verbais. Diante de algum comentário de que não gosta, esse personagem demonstra, por gestos ou trejeitos faciais, o seu descontentamento.

Recomendação: a posição do coordenador precisa ser de muita atenção e habilidade. Primeiro para, ao perceber o sinal, decidir se ignora ou provoca a explicitação verbal do descontentamento. Ignorar tem a vantagem de poder induzir o personagem, aos poucos, a mudar o comportamento, tendo em vista o insucesso da atitude. Todavia, também pode, se a atitude dele se tornar repetitiva, contaminar o ambiente e perturbar os demais participantes. Provocar a explicitação verbal do descontentamento tem a vantagem de confrontar o personagem com os demais participantes, e, com isso, talvez ele procure controlar-se um pouco mais.

- **O tagarela** – seu fator de perturbação é óbvio, e desnecessário aprofundarmo-nos nele. A tagarelice pode, todavia, ser de dois tipos: a conversa paralela, que na maioria das vezes nada tem a ver com o tema, em virtude de sua incapacidade de se concentrar na pauta da reunião, ou a crítica ferina que é produzida por via de cochichos.

   Recomendação: no primeiro caso, o coordenador tem que impor a disciplina na reunião. No segundo, forçar para que o tagarela explicite sua opinião em público. De qualquer modo, ambas as atitudes possuem um certo caráter disciplinar e precisam ser tomadas sob pena de diminuir a capacidade de liderança do coordenador ou de causar o "efeito dominó".

- **Os especialistas** – os especialistas tendem a ficar fechados em seus castelos e a se sentirem meio deslocados em reuniões. Conduzi-los é uma arte. Se você preparou previamente uma lista de questões, esteja certo de que não pairem dúvidas sobre as respostas. Lembre-se de que as reuniões tendem a enfocar certas burocracias operacionais que os especialistas detestam. Mantê-lo na reunião após ter sido esgotada sua participação é não só desnecessário como uma maldade para com o técnico.

   Recomendação: em primeiro lugar, cuide para que a participação do especialista seja reduzida e restrita ao espaço de sua apresentação e eliminação de dúvidas. Organize previamente o que você pretende saber e, se possível, informe previamente o especialista. Lembre-se de que, como ele possui um conhecimento profundo do tema em questão, tende a se fixar em detalhes que são relevantes para os seus trabalhos, mas de muita especificidade para os componentes da reunião. Quando perceber esse desvio para detalhes, peça-lhe com habilidade que retorne ao ponto de interesse imediato. Após ter ouvido sua apresentação, dispense-o agradecidamente da reunião caso não haja expectativa de nova participação do especialista, mas mantenha-o como consultor que poderá ser acionado para qualquer eventualidade. Lembre-se de que todo especialista adora ensinar e ficará muito lisonjeado se você o procurar para tirar dúvidas. Não hesite em fazê-lo.

- **O dominador** – tende a ser o comportamento de um indivíduo cujas características hierárquicas lhe conferem um poder de decisão elevado. Não faz isso para atrapalhar, e sim por hábito profissional. Tende a falar mais alto do que os outros e quer impor algumas idéias.

    Recomendação: a solução reside em constrangê-lo com o olhar ou, se perceber que não funciona, dar-lhe uma tarefa, como a de registrar a memória da reunião.

- **O agressivo** – é importante perceber que não se deve confundir agressividade com veemência. O veemente às vezes fala alto, defende com muita paixão suas idéias, mas não agride. O agressivo, é importante saber, normalmente atua em cima de problemas anteriores, não-resolvidos. Trata-se, quase, de um caso psicanalítico. A agressividade vai se manifestar, em geral, em cima de outro participante.

    Recomendação: o papel do coordenador é saber intermediar e impedir a deterioração do clima da reunião. Todavia, um cuidado deve ser tomado: nunca permita que a agressividade se vire para você. Não dê muito tempo para esse tipo de comportamento se desenvolver. Com habilidade, desvie, ignore, procure provocar a explicitação do motivo da agressividade e logo que puder retome o fio da meada.

- **O intérprete** – trata-se de um personagem que sempre procura resumir o que os outros disseram.

    Recomendação: dependendo da maneira como se porta, o coordenador pode utilizá-lo para ajudar no processo de condução da reunião, pedindo-lhe que faça o resumo de cada item pautado já discutido/resolvido, por exemplo. Alguns analistas porém reputam esse comportamento como negativo. O único fator que pode trazer alguma negatividade prende-se à possível perda de condução da reunião, o que não ocorrerá se o coordenador estiver consciente do papel que o personagem pode exercer.

- **O argumentador autoritário** – existe um personagem cuja característica é lançar na mesa de reunião os chamados argumentos de autoridade, do tipo "há um fax que define isso" ou "eu li que tal posição foi regulamentada pelo documento z". Muitas vezes tais documentos não existem. São apenas falácias lançadas, numa tentativa de consolidar sua posição a favor ou contra determinado assunto.

  Recomendação: a posição do coordenador para qualquer argumento dessa natureza tem de ser a de solicitar a confirmação. Caso o participante esteja certo, ótimo, basta utilizar a informação; mas, se estiver blefando, o fará pela última vez, porque ele mesmo se sentirá totalmente desconfortável com a situação.

- **A personalidade ou supervendedor** – esse personagem é o da carteirada. Costuma extravasar sua função, sua formação, seus títulos, suas experiências, de modo a estabelecer uma assimetria na reunião. Esse é um personagem difícil de lidar, pois sempre busca brechas para usar a reunião como instrumento de marketing pessoal.

  Recomendação: o segredo reside em, de modo reverencial, sempre que possível, solicitar sua opinião abalizada, sua avaliação baseada na experiência. Enfim, cooptá-lo com habilidade para fazer parte da solução e não permanecer alheio ao desenvolvimento. Lembre-se sempre: quem não se vê como parte da solução tende a se considerar parte do problema. Não permita que a situação envrede por esse lado.

- **O atarefado ou multitarefa** – você já deve ter participado de reuniões nas quais alguém entra, sai, recebe telefonema, leva trabalhos individuais para fazer durante a reunião, é chamado para resolver um caso inadiável, entre outras interrupções. Existem dois elementos que provocam esse tipo de posicionamento: o primeiro é a posição do personagem no processo, normalmente um executivo de nível que reputa importante a sua participação na reunião mas que não consegue se livrar das tarefas do dia-a-dia; o segundo refere-se à proximidade entre a sala de reunião e o local de trabalho do executivo.

Recomendação: esse problema tinha solução fácil há alguns anos: bastava utilizar como local da reunião uma sala afastada e com poucos recursos de comunicação. Hoje, com a existência do celular, isso é impossível. O coordenador precisa negociar com o executivo uma nesga temporal em que as interrupções não ocorram em hipótese alguma. É muito difícil, mas a saída pode ser uma negociação direta, sem a presença dos demais participantes, em que se explique ao executivo os problemas e o prolongamento que a reunião acaba tendo pelas sucessivas interrupções, que poderiam ser evitadas se fosse respeitada uma bolha temporal de incomunicabilidade.

- **O impaciente** – também é um comportamento em que o personagem não tem a intenção de atrapalhar. Trata-se de uma pessoa, normalmente de raciocínio rápido, e que fica ansiosa quando uma conclusão surge em sua cabeça e percebe que quem está usando a palavra está demorando em "dar uma deixa" para que ela se posicione. A sua ansiedade chega muitas vezes a um ponto tal que ela não se controla e interrompe um colega para expressar sua conclusão. Também traz grande dificuldade ao coordenador, que fica em um dilema, pois a indisciplina pode desmotivar os participantes. Mas perder sua colocação, que pode ser brilhante, também não é um bom negócio.

  Recomendação: o coordenador deverá, portanto, ter habilidade para saber que decisão tomar. O segredo está em ter muita habilidade para ouvir o suficiente até perceber se a interrupção foi descabida ou se vai ser lançada uma nova luz sobre o tema. Identificada a importância do aparte, solicite que ele registre a informação e que assim que a explanação de quem estava usando a palavra for encerrada ele retome naturalmente o ponto sugerido.

- **O orador ou digressivo** – você já deve ter visto, ouvido e se irritado com aquele personagem que, a pretexto de fazer uma pergunta, decide fazer uma pequena digressão, que leva uma meia hora, e que se revela apenas uma demonstração de sua erudição. Trata-se de um dos personagens mais difíceis de se conduzir. Primeiro porque normalmente é alguém que tem facilidade de se expressar, tem um certo charme, inicialmente atrai a platéia, e apenas quando larga o microfone é que se percebe que seu intuito era outro completamente diferente de colaborar para a construção de qualquer objetivo em pauta.

Recomendação: a solução tem que ser prévia. No início, na abertura da reunião, estabeleça um tempo máximo de fala, mesmo que você não tenha certeza de se esse tipo de personagem está presente ou não na reunião. Não arrisque, corte o mal pela raiz.

- **O desligado** – trata-se daquele indivíduo que presta pouca atenção ao que está sendo tratado na reunião, sonha acordado, demonstrando dessa forma tédio ou chateação. Sua desconcentração o leva até mesmo a desenhar, rabiscar em bloco de anotações ou escrever poemas durante a reunião (lembra-se do exemplo artístico no início deste livro?).

Recomendação: o coordenador pode solicitar a sua opinião sobre determinado assunto, tentar "trazê-lo de volta" à reunião. Se o item da pauta em que se demandava a presença dele já tiver sido ultrapassado, o coordenador pode agradecer a sua contribuição e franquear-lhe a saída para que retorne às suas atividades ou projetos.

- **O comediante** – é um crítico mordaz. Usa de ironia refinada para menosprezar argumentos e diminuir os seus pares. Em outros casos, seu humor pode até ser útil para acalmar os ânimos ou melhorar o ambiente. No entanto, se não for o momento adequado para isso, ou se o personagem lançar mão dessa "técnica" a todo instante, corre-se o risco de prejudicar a seriedade da reunião.

Recomendação: o coordenador deve, imediatamente, chamar para si a responsabilidade da condução da reunião e, de forma serena e séria, dar a palavra a outra pessoa inscrita para falar, ou passar para o próximo assunto.

- **O calado** – quase não fala durante a reunião, seja por inibição ou temperamento. Outras vezes, no entanto, pode estar sendo malicioso, ou "econômico com a verdade".

Recomendação: percebendo que o personagem está demasiadamente retraído, embora seja um especialista em determinado assunto que está sendo debatido, o coordenador deve, sem embaraçá-lo, oferecer-lhe a palavra, procurando instigá-lo a se manifestar em público sobre sua posição, dando chance assim para que todos os fatos correlatos venham à tona e possam ser depurados pelo grupo.

- **O vagaroso** – não é objetivo em suas intervenções, pois utiliza mal as palavras e tem um vocabulário sofrível, o que dificulta à maioria a compreensão das idéias que tenta apresentar.

Recomendação: o coordenador ou outro participante pode fazer uma sutil intervenção e tentar "traduzir" o que o personagem está tentando dizer, obtendo em seguida a sua aprovação, ou não, quanto à tentativa de decodificação da idéia.

Podemos considerar ainda várias outras figurinhas fáceis de encontrar em nossas salas de reunião:

- **O puxa-saco** (sempre concorda com o que os superiores dizem)
- **O otimista-imponderado** (nunca avalia com cautela os riscos e ameaças)
- **O PhD** (seus títulos o colocam em um pedestal próximo dos deuses)
- **O amuado ou mal-humorado** (a vida ou a organização só lhe trazem problemas)
- **O advogado do diabo** (vê defeito em tudo, mas não propõe soluções)
- **O deslocado** (a reunião passa e ele não sabe o que está fazendo ali)
- **O perdedor de prazos** (o cronograma é seu inimigo n.º 1)
- **O gerente desorganizado...**
- ....
- ....

Esquecemos de algum? Adicione-o(s) à lista!

Da mesma forma com que afirmamos com convicção que uma reunião nunca será igual a outra, com mais ênfase ainda afirmamos que as pessoas diferem uma das outras quanto mais diferentes forem as situações, o que significa que comportamentos iguais podem representar leituras diferentes de algumas das caricaturas que acabamos de descrever. Para ilustrar o que estamos querendo dizer, vamos ao caso a seguir.

> Milton Neshek é um advogado norte-americano e diretor de uma empresa japonesa localizada no Meio-Oeste americano. Certa vez acompanhou o governador do seu estado em uma missão comercial ao Japão, onde o governador falou para uma enorme e distinta platéia de funcionários do governo japonês.

> Ao final da apresentação, o governador, visivelmente preocupado, imprensou Neshek e lamentou:
>
> — Meu discurso foi um desastre! Não devia tê-lo feito. Por que minha assessoria não me avisou?
>
> Confuso, Neshek perguntou:
>
> – O que o fez pensar que seu discurso foi horrível?
>
> O governador reclamou que "havia visto muitos membros da platéia com sono, até mesmo balançando a cabeça".
>
> Aliviado, Neshek explicou rapidamente que, entre os japoneses, é comum demonstrar concentração e atenção fechando os olhos em contemplação e balançando levemente a cabeça, para cima e para baixo. O que o governador interpretou como enfado era, na verdade, um sinal de respeito e atenção. (Fonte: Roger E. Axtell.)

11.2 MAS E SE VOCÊ FOR UM PARTICIPANTE?

Sua participação pode ser mais limitada em termos de ter voz ativa durante todo o encontro; todavia, não deve ser desconectada do fato de que você, como parte do sujeito coletivo, não pode ser omisso. Algumas recomendações se fazem necessárias.

Ouça atentamente as instruções do líder quanto à proposta de condução dos trabalhos. Entendendo como necessário, solicite a fala e exponha com elegância sua colaboração. Seja breve, prestando atenção ao posicionamento dos demais.

Ter as regras bem definidas no início de qualquer trabalho é básico para o sucesso de toda reunião.

Imagine-se diante de um tabuleiro com pedras de xadrez de um lado, damas do outro, seu opositor portando um taco de sinuca, você, uma raquete de tênis, e o juiz exibindo as regras do futebol. Que jogo seria jogado?

Sua apresentação, certamente, terá o momento programado, o que não o impedirá de intervir nas demais apresentações sempre que pertinente. Se necessário, evite cortar o expositor em momento impróprio, sendo breve e cuidando para não monopolizar a fala. Ao se pronunciar, evite o tom professoral, a explicitação da "longa vivência" ou a marcação de uma erudição excessivamente apoiada na citação de autores consagrados. Em suma, cuidado para não se transformar em um "personagem problemático" ou ser rotulado como tal.

- **Aprenda a manter o autocontrole**

Quando de sua apresentação principal, seja claro, objetivo, leal, evitando grosserias, atendo-se ao foco da proposta. Cuidado com o uso de piadas e com a pronúncia de nomes estrangeiros, prefira os termos em português, ou aportuguesados, para não correr o risco de "pagar um mico". Inicie lembrando, cuidadosamente, aos participantes os documentos enviados previamente.

Se a reunião marcar um desdobramento de reuniões anteriores, proceda a uma rápida retrospectiva dos pontos capitais abordados até então, buscando marcar no tempo o estado-da-arte do assunto em pauta.

Atenção com a armadilha da autopromoção. A falta de um patrulhamento pode permitir que você atribua com freqüência a sua influência na obtenção dos resultados, tirando o mérito de sua equipe e atraindo um desgaste desnecessário ao seu discurso. Não se preocupe, sua competência, se existir, será notada pelos participantes da reunião. Busque ater-se à pauta.

Certamente você será alvo de intervenções. Ao concedê-las, ouça atentamente tudo o que diz o interventor. Não se precipite em replicar, uma vez que você não tem condições orgânicas de decidir em tempo real. Contando até dez, a emoção não prevalecerá sobre a razão, como nos ensina o renomado Daniel Goleman em seus estudos sobre a inteligência emocional.

Imagine que a fala do seu interventor possa estar incluída em uma das situações que se seguem:

- Absolutamente certo na proposição, já que identificou um engano no seu discurso, preocupando-se em evidenciá-lo em sincera colaboração;
- Absolutamente certo na proposição, já que identificou um engano no seu discurso, explorando-o politicamente ou reforçando desavenças pessoais;
- Absolutamente certo, mas fora de contexto;
- A fala do seu interventor não procede, contém erros.

Identificada a situação, você terá que responder de forma coerente, com a preocupação de não o ofender, mantendo a energia da sua apresentação e preservando a empatia com os participantes.

Uma técnica para diminuir possíveis ruídos é aquela em que, ao longo da apresentação, você "desafia" alguns participantes, estrategicamente escolhidos, para se posicionar a respeito de aspectos importantes, ratificando seu ponto de vista.

Certamente você estará registrando exaustivamente os pontos mais expressivos dos trabalhos.

Defenda com firmeza os pontos críticos, objetivando que o foco da reunião seja atingido.

- **Saiba ouvir**

Lembre-se de que você não foi convidado para a reunião porque é o único que tem algo a dizer sobre o tema. Refira-se ao início deste livro, ao tema: "Para que servem as reuniões?". Logo, os outros também têm coisas a dizer. Aprenda a ouvir. Somos providos de uma boca e duas orelhas, e a partir daí se infere, de um modo bastante sutil, que devemos ouvir mais do que falar. Como as falas das pessoas são impregnadas de intenções e valores, ouvir não é ficar embevecido pela fala do outro – trata-se de saber extrair do discurso o que é importante, o essencial. Para tanto, cuidado com alguns artifícios utilizados, às vezes até inconscientemente, pelos expositores. Em conseqüência, você deve se preocupar em perceber os pontos que são sistematicamente reforçados ou enfatizados, e procurar verificar se existem pontos que estão intencionalmente sendo ocultos. Por exemplo, reforçar ou enfatizar a qualidade pode estar ocultando o custo. Exercite essa forma de ouvir até que você, automaticamente, consiga remeter ao fato oculto sempre que alguém reforçar um elemento qualquer.

Outro fato importante é procurar não se curvar ante um argumento de autoridade. Fulano de tal recomenda esse método no livro... Sim, e daí? Raciocine que o fato de fulano ter recomendado não obriga a que seja usado. Verifique se há lógica, aplicabilidade, e, sabe-se lá, se há veracidade na informação. O mundo empresarial está repleto de atores que, infelizmente, se valem de falácias como estratégia de convencimento de seus clientes ou opositores. Portanto, sempre que possível, duvide e certifique-se de que os dados e/ou informações que lhe são transmitidos são de fato verídicos. Lembre-se de que é possível encontrar outros livros que podem questionar esse método. De qualquer modo, aprender a ouvir significa exercitar a percepção da lógica do discurso, despindo-o das embalagens que podem enganar, procurando identificar o que realmente faz sentido. Se achar incoerente, já sabe: pergunte.

- **Determine um papel para você – participe ativamente**

Você não foi para a reunião só para falar, nem só para ouvir; foi para participar. Com seu planejamento prévio estabelecido, não fique calado. Busque, após ouvir atentamente, colaborar para que a convergência seja atingida. Use com habilidade a sua interpretação sobre o tema para testar a visão coletiva sobre o assunto. Com sutileza, sempre que perceber que uma área de atrito está se formando, tente introduzir novas perspectivas que possam atenuar o conflito. Utilize com propriedade o recurso da dúvida. Algo como: "Um minuto só para eu entender. Você está dizendo que..., enquanto o outro diz que.... Onde é que não há acordo?! Desculpem-me, mas se fosse assim... não funcionaria?"

Essa forma de agir vai despertar simpatia pelo seu posicionamento. Muitas vezes, os dois personagens vão passar a buscar em você um mecanismo de mediação. Não se abstenha de fornecê-lo. Lembre-se de que um dos objetivos maiores da reunião é criar um sujeito coletivo, uma unidade de ação para o atingimento de objetivos comuns.

Procure manter igual aproximação dos personagens que estão em desacordo, não privilegie, *a priori*, nenhum dos dois. Demonstre ao grupo que seu objetivo é ajudar na perfeita harmonia para que os resultados sejam os melhores dentro de um clima de cooperação e entendimento pessoal.

Se o coordenador demonstrar fraqueza na administração de conflitos, assuma com discrição esse papel. Em todas as estruturas existe o que se chama, em estruturalismo, de casas vazias. Sem preocupação de ser muito técnico, pode-se dizer que a casa vazia é uma lacuna determinada pelas relações e que muitas vezes está desocupada. Assim, qualquer relação entre pessoas, principalmente em reuniões, define casas vazias, *a priori*, que são ocupadas pelo facilitador, muitas vezes um personagem externo, não envolvido com o tema, que busca fazer com que as atividades fluam com naturalidade, procurando moderar os conflitos que surgem das relações de antagonismos e de muitas outras. Fique atento, identifique-as e ocupe-as. Não para ganhar poder, mas para que a reunião não se torne algo detestável e flua com mais leveza.

O ideal é não fazer isso sozinho. Sua observação atenta demonstrará que existem outras pessoas na reunião capazes de desempenhar esse papel, mas que não o fazem por timidez ou por falta de motivação. Coloque-as como suas aliadas nessa tarefa. Não é necessário um encontro formal para estabelecer essas funções. Use de sua habilidade para cooptá-las. Por exemplo, no meio de uma discussão entre dois elementos quaisquer, você poderia induzir uma terceira, que você percebeu capaz de atuar como moderadora, a agir. Mas, lembre-se de que, não sendo você o condutor da reunião, precisa sempre avaliar a reação do verdadeiro condutor às suas ações. Esteja preparado para recuar provisoriamente ao menor sinal não-verbal de descontentamento. O importante é colaborar, e não introduzir ruído. Mais à frente, com sutileza, volte à carga se for o caso.

A experiência de reuniões na esfera pública envolvendo personagens de situação e oposição, com interesses aparentemente antagônicos, demonstra que é perfeitamente possível atuar como recomendado anteriormente.

Uma reunião deve ter como fundamento a resolução de problemas e não a busca por "culpados". Uma vez posto o problema (passado), o foco coletivo deverá ser a identificação da solução para a sua eliminação (futuro).

Contribua ainda para que as críticas, quando houver, recaiam sobre as idéias e não sobre as pessoas. Prefira dizer "não concordo com ESSA idéia" em vez de "não concordo com a SUA idéia".

Uma variável interessante de reforço ao que acabamos de colocar refere-se a participar de atividades de lazer depois da reunião, tipo um jantar coletivo. Tendo o devido cuidado para não vulgarizar o relacionamento, trata-se de excelente expediente para caracterizar que as oposições eventuais durante as reuniões são relacionadas ao tema e não a aspectos pessoais.

Finalmente, esteja sempre disposto a oferecer auxílio voluntário a um ou outro grupo, como forma de complementar ou desdobrar as suas atividades visando ao objetivo final. Lembre-se, no entanto, de ter um perfeito controle de sua agenda, porque pior do que não poder participar é se comprometer e não poder cumprir.

- **Provoque a articulação**

Uma das situações mais desmotivadoras de uma reunião surge quando, após exaustivos esforços participativos de todos, percebe-se que cada um continua falando a mesma coisa que falava no início da reunião e não se chegou a lugar algum. Claro que essa é uma tarefa do coordenador da reunião, mas que, se não está sendo feita, alguém precisa fazer. Antes, é bom refletir que isso é apenas uma conseqüência de as pessoas não saberem ouvir. Assim, todas falam mas não ouvem, e o resultado é a tal soma de desejos que não leva a lugar nenhum. Um observador atento em uma mesa de reunião é capaz de perceber que as falas de cada personagem, tiradas as especificidades, buscam mostrar uma estrutura que dá sustentação ao tema que se analisa. O que se observa, ainda, é que, quando alguém apresenta sua visão da estrutura, se a situação não convergiu para um acordo, preocupa-se em estabelecer como válidos apenas alguns elementos e negar os outros elementos da estrutura apresentada por outro participante. Se o observador atento, que deve ser você, identificar esses pontos, perceberá que as críticas tendem a ser verdadeiras, ou seja, o que é para ser negado é realmente para ser rejeitado sem maiores problemas. Se você tomar o que ambos acham correto, verificará que o conjunto é maior do que o que cada um apresenta. Ou seja, por não saberem ouvir, não conseguem corrigir suas estruturas. Aí é que você tem de entrar: identificar os elementos corretos, perceber se eles completam a visão do problema, e, se não, introduzir os elementos que faltam. A isso se chama articulação. Talvez essa seja a tarefa mais difícil e você precise se exercitar muito para realizar essa atividade com propriedade. Um método de exercitação reside em selecionar dois jornais com enfoques editoriais diferentes. Depois, escolher, por exemplo, dois pronunciamentos de políticos em posições opostas. Identifique as estruturas dos discursos. Anule os argumentos, convincentemente, construídos. Reúna os elementos resultantes. Procure inferir os elementos que faltam. Adicione-os. A conclusão a que você chegou tende a ser próxima da verdade que estava por trás dos discursos.

- **Alerte sobre os desvios**

Uma das grandes preocupações nas reuniões é impedir que se desenvolvam debates sobre temas que não estão na pauta. Ainda que essa seja uma preocupação do coordenador, você, como interessado em que a reunião seja um efetivo instrumento de trabalho e de integração, deve atuar para corrigir, nos seus limites de ação, esses desvios. Claro que, uma vez ou outra, é até saudável um pequeno e rápido desvio para desanuviar as idéias e diminuir o estresse quando este começa a se instaurar. O que não é recomendável é que esse desvio acabe por criar um novo foco na reunião.

Alegar a questão de ordem é um recurso por demais utilizado para corrigir essas distorções. Mas cuidado! Tenha sensibilidade para perceber quando o desvio da pauta está sendo um processo de eliminação do estresse. Não se transforme em um chato. Saber ser flexível nessas horas é questão de inteligência.

Esteja atento, pois, ao clima da reunião. Identifique a metodologia de coordenação dos trabalhos e perceba quando o estresse se instaura. Ele se caracteriza por sinais não-verbais, tais como rostos cansados, desenhos sistemáticos em folhas em branco, leituras durante a fala de outros participantes, bocejos injustificados e outros.

O bocejo é algo paradoxal que deve ser visto como um sinal pouco significativo. Muitas pessoas, principalmente após o almoço, tendem a bocejar, ainda que estejam interessadas; outra fonte de bocejo é quando as reuniões são realizadas em locais pequenos com muitas pessoas: o ar ambiente tende a provocar bocejos. Um bom coordenador consegue que essa situação se atenue, permitindo desvios que possam motivar mais as pessoas. Esse fato é muito similar ao sono quando se está dirigindo. A solução, como todos sabem, é parar o carro e tirar uma soneca de alguns minutos. As baterias se recarregam rapidamente e você pode voltar a dirigir tranqüilo.

Você como participante deve estar atento a quando o estresse realmente se instaurou, ocasião em que não cabe levantar questões de ordem sem que as pessoas se voltem, criticamente, contra você.

Só quando houver a percepção de que os desvios estão ocorrendo por um efetivo descontrole, o qual está levando a uma dispersão das energias, é que se deve buscar contribuir para que a reunião retome seu rumo certo.

- **Induza o fechamento**

Certamente fechar não faz parte de suas atribuições; todavia, nem sempre os participantes percebem que entraram em circularidade, ou seja, retomam os mesmos pontos repetidas vezes, como se estivessem correndo atrás do próprio rabo. Mais uma vez cabe ao coordenador fechar a reunião, mas você pode dar sua mãozinha.

Em primeiro lugar, tente mostrar aos participantes que o tema se esgotou, pelo menos naquele ambiente. Procure sintetizar as principais decisões e provoque os parceiros para concluírem que houve uma exploração cuidadosa dos diversos ângulos da questão e que, se todos os pontos não foram completamente elucidados, os que faltam já fazem parte dos desdobramentos dessa reunião. Percebendo que as pessoas compraram sua idéia, passe com habilidade a palavra ao coordenador para que ele feche a reunião.

Lembre-se da importância da ata, e predisponha-se a colaborar em sua elaboração. Se você estiver com anotações completas, ofereça-as como subsídios para a ata.

Adicionalmente, entendendo que a reunião possui um espírito integrador intrínseco, não se esqueça de reforçá-lo, através da troca de cartões com seus parceiros de trabalho, deixando clara a intenção de voltar a contatá-los. Para esse caso, não basta a intenção, é fundamental que você volte a contatá-los sem nenhum motivo aparente, apenas para manter o espírito de grupo. Esses vínculos revelam-se importantes elementos na ampliação de sua rede de relações, garantindo a existência de pólos avançados, representados pelos companheiros que participaram da reunião, capazes de obter, confirmar ou disseminar informação de interesse para a organização.

• CAPÍTULO 12 •

Fechando a Reunião

Antes de encerrar, certifique-se de que o ambiente foi de total cooperação e proatividade. Caso positivo, e em situações em que o grupo está "fechado" em torno de propósitos comuns – e ainda se o tempo não estiver se transformando de aliado em inimigo –, dê espaço para que se avalie a reunião em termos de objetivos propostos e atingidos, além de comentários e sugestões adicionais.

Porém, se a reunião foi de certa forma "pesada", muito cuidado com o chavão "alguém deseja acrescentar algo ?..." Pronto, é a senha para mais falatório, perda de tempo e chateação, e o risco de sua reunião não fechar. Portanto, chamamos a atenção para se ter muito cuidado. Na dúvida, se todos os assuntos foram discutidos, houve um certo consenso em torno das soluções encontradas, o plano de ação foi bem definido e você tem a convicção de que a reunião não produzirá nada mais além do que já se obteve até então, agradeça a presença e a colaboração de todos e encerre a reunião peremptoriamente!

12.1 OS REGISTROS FINAIS

O registro final da reunião, ou a ata da reunião, serve como memória para acompanhamento das decisões tomadas (também conhecido como *follow-up*). Ajuda ainda a provocar as ações esperadas de outros colaboradores da empresa, elucida pontos que podem não ter ficado muito claros para um ou outro participante e gera compromissos com os prazos nela fixados.

Uma boa ata de reunião deve conter:

- dia, hora, local e coordenador da reunião
- os efetivos participantes e as ausências justificadas
- os assuntos discutidos (pauta)
- o sumário executivo com as principais discussões, relatórios e estudos apresentados, as decisões tomadas (com objetivos, metas, prazos e responsáveis pelas ações)
- outras observações que se julgarem pertinentes

A ata de reunião deve ser feita e distribuída o mais rápido possível. O ideal é que esteja disponível em, no máximo, 24 horas. Hoje a tecnologia da informação permite que a ata, assim como outros documentos, circule por correios eletrônicos em fração de segundos, agilizando assim o conhecimento por todos os que precisam estar envolvidos e comprometidos com os resultados esperados.

Ao final da ata deve constar observação do tipo: "A presente ata será considerada *aprovada* caso não haja, nas próximas 24 horas, contestações à fidedignidade dos fatos de quaisquer participantes dessa reunião." Havendo manifestações e necessidade de reparos ou adendos ao texto originariamente apresentado, nova ata retificadora deverá ser distribuída aos destinatários que receberam a primeira versão.

CAPÍTULO 13

Avaliando a Reunião

Ao retornar ao seu ambiente de trabalho, esforce-se para produzir a memória da reunião. A ata que poderá lhe chegar, remetida pelo líder, quase sempre é trabalhada administrativamente, permeada por uma abordagem generalista, isenta das especificidades das áreas de atuação de cada participante.

Procure desenvolver a memória, priorizando as decisões tomadas, registrando aspectos que possam reforçar a qualidade dos desdobramentos.

Composta a memória, identifique as implicações para o ambiente interno do seu órgão e nas relações com outros órgãos. Anote ações que a seu juízo devam compor os movimentos iniciais.

Reúna sua equipe e dê ciência da memória reforçando as decisões, colocando em apreciação suas ações iniciais. Evite divulgar informações que gerem fofocas e ampliem as diferenças pessoais, trazendo perturbações ao ambiente.

As ações ajustadas devem compor um pequeno plano de ação, com responsáveis, responsabilidades e prazos claramente definidos. Delegue aos seus colegas as atividades necessárias para o cumprimento das tarefas e dos prazos.

Volte aos demais compromissos, enquanto uma outra reunião não ocorre.

Na qualidade de coordenador, acompanhe o progresso das ações decididas na reunião junto aos diversos responsáveis. Não espere até uma próxima reunião para saber que uma determinada tarefa não foi cumprida como se esperava.

• CAPÍTULO 14 •

Uma Curiosidade...

Empresa manda funcionários usarem luvas de boxe **durante reuniões**

Notícia publicada em **29/07/2008** às 23h23min – *Diário de São Paulo*

SÃO PAULO – A Race TV, emissora de televisão da Internet, adotou as luvas de boxe para manter os funcionários atentos durante as reuniões. Calma! Não é nenhuma técnica de briga entre a equipe. Só vai usar as luvas quem não se desgrudar dos celulares e notebooks. O objetivo é fazer com que o funcionário não consiga digitar, sendo obrigado a largar os aparelhos.

O diretor de comunicação da emissora, Valter Cavalcante, explica que a brincadeira começou em uma reunião onde haviam oito pessoas, cinco delas com notebooks em cima da mesa.

– Enquanto um falava, metade não prestava atenção. Como estávamos com as luvas na sala, devido a uma gravação no dia anterior, usamos para fazer a brincadeira.

A moda pegou. No encontro seguinte, todos cobravam a luva, revela o diretor.

– O pessoal aqui é muito brincalhão. Todo mundo se diverte. A luva não é nenhuma forma de castigo.

Além das piadas, a técnica também cumpriu o seu papel. Cavalcante conta que reduziu cerca de 80% o uso dos aparelhos eletrônicos durante as reuniões.

A advogada trabalhista Sônia Mascaro explica que enquanto for só uma brincadeira eventual não há problemas.

– Quando vira uma regra e atinge a imagem ou a honra do empregado, pode ser configurado como assédio moral – explica.

CAPÍTULO 15

Conclusão

Em uma pesquisa realizada em um curso de mestrado na UFRRJ, com 72 executivos, no estado do Rio de Janeiro, em 2005, obteve-se um resultado expressivo quando 100% deles afirmaram considerar as reuniões de trabalho importantes recursos gerenciais para a condução de seus negócios. Esses profissionais buscam nas reuniões oportunidades para a resolução de problemas organizacionais; troca de informações; momentos para tomadas de decisão e idéias inovadoras; entre outros benefícios.

O fenômeno da proliferação de tecnologias da informação atinge de forma cada vez mais intensa as comunicações intra e interorganizacionais, o que vem causando uma revolução sem precedentes nos processos administrativos, embora muitas vezes isso esteja ocorrendo de forma mais ou menos desorganizada. Percebe-se que as interações por meio de correios eletrônicos (*e-mails*) ou intranet ainda não encontram padrões ou regras de utilização claramente definidos pelas empresas, o que dificulta a adoção dessas tecnologias de uma maneira totalmente eficaz.

É relevante destacar que mais de 2/3 dos administradores que participaram da pesquisa citada anteriormente admitem que suas reuniões presenciais têm ficado menos freqüentes, quando passam a se valer dos recursos de interação por uso intensivo de correio eletrônico ou intranet. A redução do número de reuniões presenciais realizadas periodicamente libera os administradores para outras tarefas, incluindo os contatos virtuais com suas equipes. Inúmeros pontos que antes eram abordados apenas em reuniões presenciais ou por contatos telefônicos dispendiosos passaram a ser respondidos imediatamente através da troca de mensagens curtas e objetivas em tempo real. Apenas 26% dos administradores (já excluindo os 7% que não dispõem de *e-mails* em suas empresas ou locais de trabalho) ainda não têm essa certeza ou percepção das mudanças que as tecnologias da informação estão causando nas rotinas de trabalho.

A grande maioria dos administradores afirma ainda que as empresas em que trabalham dispõem de tecnologias para a troca de informações internas, confirmando as estatísticas apresentadas na fundamentação teórica que dão conta do rápido avanço que se observa nas práticas das empresas quanto ao uso cada vez maior dessas tecnologias. O correio eletrônico e a intranet são os caminhos mais utilizados pelos administradores para estabelecer suas comunicações internas nas empresas ou instituições em que atuam, e 64% das respostas nesse item vieram da área de serviços, 31% da indústria e 5% do comércio. Isso atesta que a categoria está acompanhando as evoluções tecnológicas e participa, de forma representativa, da grande rede que hoje interliga os profissionais dos mais variados ramos por todo o mundo.

Tais ferramentas estão postas, talvez ainda merecendo aperfeiçoamentos, mas prontas para uso, em benefício dos objetivos individuais e organizacionais, em função da otimização do tempo, da produtividade, das comunicações, dos processos decisórios, entre uma série de outros benefícios que elas propiciam ou têm potencial para propiciar.

Já o emprego da tecnologia A, B ou C em cada empresa para a otimização de suas reuniões variará em razão do fim a que se destinam o contato, a mensagem, ou dependerá até mesmo do tipo ou da agenda da reunião que se deseja realizar. Portanto, não se deve afirmar qual o melhor instrumento para essa interatividade, mas sim que os administradores devem saber qual ferramenta deverá ser empregada em cada situação com que se defrontarem no seu dia-a-dia.

No caso do estudo referenciado, buscou-se identificar as características das reuniões das quais os administradores tomam parte e as tecnologias que vêm em auxílio a esse fenômeno organizacional tão comum e muitas vezes negligenciado por seu uso indevido e descontrolado.

Percebeu-se, pela pesquisa desenvolvida, que as reuniões gerenciais são de fato importantes para os administradores, quais os recursos de que esses profissionais dispõem e qual o seu grau de satisfação ou insatisfação com esses encontros de trabalho. Quanto aos citados recursos, observou-se que as tecnologias da informação podem e devem socorrer os profissionais de gestão, tornando as reuniões suas aliadas no trabalho diuturno, seja de forma presencial ou virtual, cujo leque de opções se procurou apresentar neste trabalho.

Verificou-se ainda que os *e-mails* (correios eletrônicos) são utilizados como meio de comunicação por 93% dos profissionais entrevistados e que esses recursos, entre outros, como a videoconferência, têm contribuído bastante, na opinião de 67% dos administradores que participaram da pesquisa, para a redução das reuniões presenciais.

Assim, com comunicações bem-planejadas e o uso de tecnologias adequadas, o administrador poderá planejar, organizar, coordenar, dirigir e controlar as reuniões de trabalho de uma forma muito mais eficiente, eficaz e efetiva.

Quanto aos fatores que de certa forma ainda parecem merecer mais atenção por parte dos gestores para melhorar seu desempenho profissional, podem-se destacar: a necessidade de convocação de reuniões com mais antecedência, bem como a distribuição da agenda para que todos se preparem adequadamente; a quantidade de pessoas presentes às reuniões, o que pode significar a presença de pessoas que nem sempre contribuem com a reunião.

Igualmente preocupam, conforme denunciado pelos pesquisados, vícios como: desvio do assunto principal por parte dos integrantes das reuniões; falta de objetividade nos debates; conversas paralelas durante as reuniões; e poucos resultados obtidos após as reuniões, o que acaba representando desperdício de tempo.

Curiosamente, não se perceberam flagrantes anomalias nas reuniões realizadas pelos cinco administradores que responderam não possuir *e-mails* em suas empresas, o que pode ser explicado pelo fato de serem quatro pequenas empresas e uma média empresa, portanto com baixo número de empregados, maior integração por outros canais de comunicação tradicionais e profissionalismo em suas culturas organizacionais.

Registre-se ainda que não existe "receita de bolo" para se alcançar o sucesso em uma reunião presencial ou virtual. As reuniões sempre serão diferentes umas das outras, mesmo aquelas em que os atores são os mesmos, ou se eles tiverem participado de uma ótima reunião há poucos dias, já que diversos fatores influenciam o ambiente. Não existem tampouco regulamentos que padronizem os comportamentos dos participantes em uma reunião gerencial. No entanto, diretrizes básicas podem e devem ser consideradas para maximizarmos os seus resultados. Portanto, não se deve raciocinar sobre a reunião ideal, mas sim sobre como se pode buscar a reunião desejável, por meio de planejamento e bom senso.

Como dizia Albert Einstein (1879-1955), "Os computadores são incrivelmente rápidos, precisos e burros. Os homens são incrivelmente lentos, imprecisos e brilhantes. Juntos, seu poder ultrapassa os limites da imaginação."

Assim, deve-se buscar atingir o melhor que se espera dos administradores: resultados satisfatórios para as organizações, os empregados, os colaboradores, os clientes e a sociedade.

Reflexão

Uma reunião é algo mais que juntar pessoas. Muito mais. É decidir coletivamente sobre um projeto de interesse comum que vai propiciar resultados coletivos e particulares ao mesmo tempo.

Portanto, a capacidade de viabilizar as condições de ótimo rendimento para esses eventos garante que possam emergir soluções criativas, engajadas e comprometidas com o interesse da organização, sem que os objetivos individuais sejam violentados.

Dentre os inúmeros instrumentos disponíveis para a consecução dos objetivos traçados, a reunião surge portanto como forte elemento de integração e catalisador de resultados.

Nesse momento, como discutido nos capítulos anteriores, o planejamento prévio de uma reunião garante a convergência para o foco.

Todavia, o algo mais, o *insight* revelador, que provocará o salto da qualidade tão esperado, depende de um observador estratégico. A reunião fornece apenas o palco para que sua atuação se revele como de completo êxito.

Tendo isso em mente, fica uma frase para reflexão:

"Uma coordenação conforta porque mostra a trilha a ser seguida. Mas a luz que emerge do caos precisa ser apontada por qualquer observador atento" (ERALDO MONTENEGRO, 2003).

ANEXO A

E as Suas Reuniões, Como Vão?

Teste de autoria do Adm. L. A. Costacurta Junqueira
– Vice-presidente do Instituto MVC
(www.institutomvc.com.br)

O teste enumera boa parte dos problemas que podem acontecer antes, durante e após as reuniões, com enfoque especial no desperdício de tempo, decorrentes da incidência desses problemas.

Cada problema deve merecer um grau de 0 (zero) a 5 (cinco), obedecendo à seguinte estrutura classificatória:

- **0 = O problema não aconteceu.**
- **1 = O problema aconteceu mas trouxe conseqüências mínimas do ponto de vista de desperdício de tempo e busca de resultados.**
- **5 = O problema aconteceu e acarretou enormes conseqüências do ponto de vista de desperdício de tempo e busca de resultados.**

2, 3 e 4 = Posições intermediárias.

O importante é que os graus sejam atribuídos tendo-se em mente o que realmente acontece nas questões e não o que deveria acontecer. Os resultados tendem também a ser mais fidedignos quando os graus são atribuídos pelo consenso daquelas pessoas que normalmente participam de uma mesma reunião.

Então vamos ao teste. Na lista de problemas apresentada a seguir, atribua graus de 0 a 5 a cada um deles e, somando os pontos, verifique o quão problemáticas são suas reuniões.

ANTES DO INÍCIO DA REUNIÃO

1. Inexistência de agenda prévia, com tempo predeterminado para cada tópico e do conhecimento dos participantes.
   PONTOS ( )
2. Local inadequado, mal-arrumado, distante, ou falta de apoio e de infra-estrutura.
   PONTOS ( )
3. Desnível entre os participantes com relação ao conhecimento dos assuntos a serem tratados na reunião.
   PONTOS ( )
4. Processo inadequado de escolha do líder (chefe) da reunião (precipitação, votação etc.).
   PONTOS ( )
5. Número excessivo de participantes, o que prejudica o andamento da reunião.
   PONTOS ( )
6. Impontualidade dos participantes quanto ao início da reunião.
   PONTOS ( )

DURANTE A REUNIÃO

7. Inexistência de participação (atuação apenas de determinadas pessoas).
   PONTOS ( )
8. O líder não orienta o andamento da reunião, no sentido de seguir a agenda prefixada (quanto a assuntos, duração e resultados).
   PONTOS ( )
9. Confusão quanto aos objetivos da reunião, que ora passa do cunho decisório para o informativo e vice-versa.
   PONTOS ( )

10. Interrupções constantes provocadas por pessoas estranhas à reunião.

PONTOS ( )

11. Clima de competição e não de cooperação ("o mais importante é ganhar a discussão e não resolver o problema").

PONTOS ( )

12. Ausência de registro sistemático do andamento da reunião.

PONTOS ( )

13. Dupla coordenação de determinado trabalho, problemas de relacionamento surgindo ao longo da reunião.

PONTOS ( )

14. Participantes que procuram usar linguagem demasiadamente técnica, com prejuízo da comunicação.

PONTOS ( )

15. Decisão a ser tomada acima da competência (técnica ou hierárquica) dos participantes.

PONTOS ( )

16. Liderança "democrática" (participativa, no sentido manipulativo), provocando excesso de opiniões e nenhuma conclusão.

PONTOS ( )

17. Falta de ordenação na participação dos presentes à reunião, as pessoas falam ao mesmo tempo.

PONTOS ( )

18. Participantes querendo assumir o lugar do líder (às vezes "disputando" a posição).

PONTOS ( )

19. Conversas paralelas.

PONTOS ( )

20. Necessidade de consultas externas a pessoas não presentes à reunião.

PONTOS ( )

APÓS A REUNIÃO (AO FINAL E POSTERIORMENTE)

21. Não-estabelecimento por escrito dos itens de ação: "quem", "o quê", "quando", que possibilitam o controle dos resultados.

PONTOS ( )

22. Falta de clareza na definição das missões atribuídas a cada participante.

PONTOS ( )

23. Não-marcação da próxima reunião ou de qualquer outra atividade para continuidade dos assuntos.

PONTOS ( )

24. Não-avaliação dos resultados da reunião (previsto × realizado).

PONTOS ( )

TOTAL DE PONTOS: _____

AVALIAÇÃO DO RESULTADO:

Quanto maior o número de pontos, mais problemática é a sua reunião.

ANEXO B

Comunicação Face a Face e Gerências Ganham Espaço

Por Rodrigo Cogo*

Cerca de 80% das empresas norte-americanas falham ao comunicar grandes mudanças aos funcionários por erro na escolha de premissas das mensagens. Nada melhor então que saber as razões de falhas e acertos, com a experiência de grandes corporações, e adequar a outras realidades. As estratégias face a face, e sobretudo aquelas lideradas pelas gerências, são as melhores opções na comunicação contemporânea. Essa foi a proposta da edição "Comunicação Interna na Gestão de Mudanças Organizacionais" dentro do programa Cursos Avançados Internacionais da **Associação Brasileira de Comunicação Empresarial**, desenvolvida pelo consultor TJ Larkin.

A difusão de inovações tem sido uma das atribuições mais visíveis e atuais da Comunicação Social, porém não se observam discussões mais intensas sobre esse assunto. Uma das obras referenciais é o estudo do sociólogo norte-americano Everett Rogers, "Diffusion of Innovations". Desse autor partiu o primeiro exemplo no curso de Larkin: um estudo em comunidades de país africano sobre adoção de mudanças de comportamento para a saúde, como ferver água antes de beber, em que

---

*Rodrigo Cogo é gerenciador do portal Mundo das Relações Públicas (www.mundorp.com.br).

palestras gerais obtinham uma adesão efetiva de no máximo 10% dos moradores. Ao promover a comunicação de conscientização por meio de um líder sênior da própria localidade, abordado prévia e separadamente com instrução e conversações, a influência sobre a comunidade alcançou 80% dos presentes. Daí que Larkin, que é Ph.D. em Comunicação pela Michigan State University, dá início ao seu processo de esclarecimento sobre as descobertas e novas práticas no cotidiano empresarial de países desenvolvidos, em que os gerentes médios são sempre os mais confiáveis para transmissão de informações, constatação corroborada por pesquisas em diversas nações, como no Reino Unido (50% de confiabilidade), e mesmo em corporações transnacionais, como a GM (78% de preferência sobre as gerências). Nem os sindicatos obtêm melhor repercussão.

Autor de "Communication Change", o palestrante já desenvolveu programas de comunicação interna para empresas como ABB, AT&T, Bank of America, Boeing, ExxonMobil, NASA, GM e PricewaterhouseCoopers. Ele relata também um estudo sobre os discursos de CEOs, que são pouco críveis para as equipes. Em organizações como Heinz, Lloyds e General Electric, a atenção média da platéia não excede dois minutos, chegando no máximo a três minutos. O jornal da companhia é outro instrumento que vem sendo questionado em sua eficácia, por não causar o impacto desejado com as pautas mostradas e as reações que seriam desejáveis.

Pesquisa sobre o que determinou mudanças positivas no trabalho, com melhor rendimento, apontou que 70% das pessoas atribuem à melhora da comunicação com seus supervisores imediatos, ficando apenas 2% com comunicados de CEOs ou informações obtidas nos jornais internos. O consultor falou de uma campanha da GM para evitar retorno de carros à linha de produção por ocorrência de pequenos riscos na pintura, derivados do uso de relógios, anéis e cinturões country pelos funcionários. Foram produzidos protetores para os acessórios, cuja adesão ao uso demorou cerca de duas semanas, porque foi utilizada a intermediação de gerentes que apareceram equipados com os novos utensílios e foram explicando paulatinamente as abordagens dos colegas, ganhando adeptos. Como rumores são sempre muito piores que a realidade, mas influenciam muito no comportamento funcional, precisam ser bem gerenciados. Como os executivos seniores não têm credibilidade interna, Larkin incentiva encontrar os verdadeiros líderes, normalmente situados na gerência média. "O expert em comunicação em cada ponto é o funcionário que entende os processos", aconselha.

ANEXO C

Pesquisa de Campo sobre Reuniões

Através de uma cuidadosa pesquisa, identificaram-se o comportamento atual dos administradores nas reuniões das quais participam e suas tendências em relação à maior ou menor disposição para utilizar ferramentas de tecnologia de informação, as quais os auxiliem na prática da reunião de trabalho como um fator estratégico para a administração do tempo e a consecução de seus objetivos.

Utilizando-se ainda um recorte multidisciplinar, perpassando várias habilidades/competências que compõem o espectro organizacional (comunicação, trabalho em equipe, processo decisório e tecnologia), pretendeu-se, epistemologicamente, interpretar e inferir como e quais variáveis – cujos dados resultam da pesquisa proposta em função do uso da TI – se relacionam, apóiam e influenciam os fluxos de informações e a produtividade das reuniões.

Desejou-se, ainda, listar as alternativas de ações administrativas e tecnológicas que predominam e as que eventualmente estão sendo criadas, em contrapartida à cultura e às metodologias empregadas nas reuniões ditas tradicionais.

A pesquisa, realizada em 2006 com profissionais domiciliados no Estado do Rio de Janeiro, procurou estabelecer uma relação entre os administradores que realizam ou participam de reuniões, as características dessas reuniões e sua freqüência em função do uso das tecnologias de informação a que têm acesso.

Foram também observadas algumas características das empresas onde trabalham, o número de funcionários dessas empresas, o nível hierárquico dos participantes das reuniões e a área de atuação das empresas, entre outras variáveis.

- Pesquisa de campo: *survey* exploratório, valendo-se de observação direta extensiva por meio de questionários, objetivando obter dados sobre as seguintes variáveis:

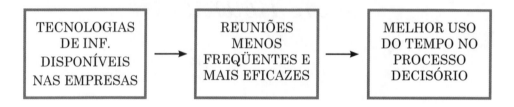

Através da mensuração das variáveis dependentes (Y e Z) e independente (X), esperou-se relacionar causas e efeitos entre os fenômenos que compõem o problema, e justificar teórica e empiricamente a hipótese formulada. Outras variáveis independentes secundárias (X', X'', ...) fizeram parte da pesquisa, de maneira a possibilitar outros cruzamentos e inferências.

O questionário foi composto, em sua maioria, de perguntas fechadas e de avaliação para a obtenção de dados quantitativos, de fácil tabulação; continha ainda algumas perguntas semi-abertas/livres para se tentar aprofundar a discussão do problema e questões de fato para, adiante, segmentar os respondentes.

População-alvo e amostra: os questionários, remetidos e recebidos por *e-mail*s ou de forma impressa, foram enviados a uma amostra não-probabilística de 180 (cento e oitenta) administradores domiciliados no Estado do Rio de Janeiro.

Desse total, foram recebidos 72 (setenta e dois) questionários, sendo que três foram eliminados, dois por terem sido preenchidos por não-administradores e um outro que se apresentava com 2/3 das respostas em branco.

A **validação dos dados** obtidos na pesquisa, para verificar sua confiabilidade e a validade, foi feita:

No pré-teste (piloto) enviado a 20 (vinte) voluntários – onde se procedeu, após a tabulação dos resultados colhidos, a uma calibração para aplicação definitiva na amostra dirigida/intencional antes descrita. O teste-piloto serviu para se verificar o número de questões formuladas *versus* o tempo de resposta; a clareza no enunciado das perguntas; a pertinência das respostas alternativas; e avaliações correlatas.

No questionário final o tratamento estatístico foi descritivo e indutivo, procurando-se analisar, discutir, inferenciar e explicar os resultados da pesquisa.

Entre os 68 (sessenta e oito) questionários considerados válidos, algumas questões eventualmente não foram respondidas por um ou outro pesquisado, o que explica a pequena variação, para menos, do total de respostas obtidas em algumas questões apresentadas.

Registre-se ainda a limitação do presente projeto em relação a uma característica da amostra obtida – empresas sediadas principalmente na região metropolitana do Estado do Rio de Janeiro – o que, no entanto, não invalida a proposta, uma vez que os participantes dessa amostra são de grande representatividade no mercado de trabalho e na economia brasileira.

Saliente-se que alguns administradores responderam às questões apresentadas nos gráficos de n.ºs 4, 6 e 23 assinalando de uma a duas alternativas de respostas, embora os enunciados não oferecessem essa possibilidade. No entanto, foram aceitas todas as marcações efetuadas pelos respondentes.

Igualmente, algumas questões não foram respondidas por alguns participantes da amostra, motivo pelo qual o total de respostas colhidas em uma ou em outra questão é inferior ao total de questionários recebidos.

RESULTADOS OBTIDOS

Sua empresa é do setor de: Entre os administradores que participaram da pesquisa, 73% atuam na área de serviços – atividade preponderante e crescente, principalmente na cidade do Rio de Janeiro; 21% no ramo industrial e 6% são ligados ao setor comércio.

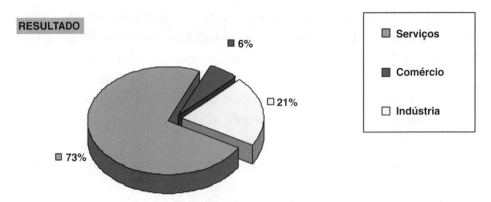

GRÁFICO 1 Setor da economia ao qual pertencem os pesquisados

Quantos empregados (incluindo terceirizados) tem, aproximadamente, a sua empresa? Na amostra pesquisada, o número médio de colaboradores encontrados nas empresas, por setor, foi o seguinte:

QUADRO C.1 Categorização dos Participantes da Pesquisa por Setor da Economia

Serviços	Comércio	Indústria
No Estado do RJ		
562	1.800	3.281
Fora do Estado do RJ		
970	900	5.667
Fora do Brasil		
3	0	4.660

Sua posição na empresa é no nível de: Entre os administradores participantes da pesquisa, 42% atuam no nível gerencial da empresa, 29% ocupam posições de diretoria, 20% são consultores e 9% são presidentes ou vice-presidentes de empresas ou instituições.

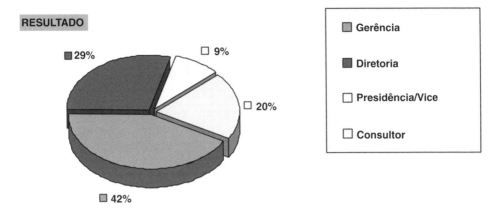

GRÁFICO 2 Posição funcional dos participantes da pesquisa

Você considera a *reunião de trabalho* um importante recurso gerencial? O resultado obtido, por si só, sobre a importância da reunião de trabalho como recurso gerencial já revela o quanto significativo é o uso dessa ferramenta por parte dos administradores. Nenhum dos 68 respondentes se manifestou contrário ao uso da reunião como instrumento em seus ambientes de trabalho, apesar de tantos executivos a considerarem um "desperdício de tempo". A totalidade dos administradores entende, pela essência da própria profissão, que as reuniões são essenciais para a facilitação dos seus processos de gestão, incluindo as comunicações entre equipes e a agilidade do processo decisório.

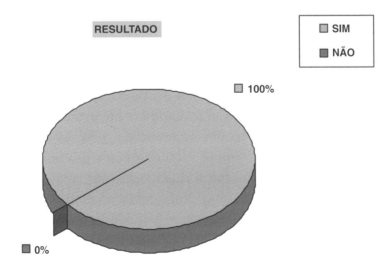

GRÁFICO 3 A importância da reunião de trabalho como recurso gerencial

As reuniões internas das quais você participa ou coordena são convocadas com que antecedência? Percebe-se que quase metade (48%) dos administradores dispõem de mais de 48 horas para o planejamento das reuniões das quais participam, o que parece ser bastante confortável para todos os participantes, *a priori*. No entanto, outros 41% têm apenas de 24 a 48 horas para se organizarem para esses encontros, o que pode apontar para a necessidade, ainda, de um melhor controle da agenda por parte daqueles que convocam as reuniões. Ou, ainda, para a falta de análise prévia da prioridade da reunião em relação às prioridades das demais tarefas – do promotor da reunião e dos demais participantes – pois reuniões somente devem ser convocadas quando não houver outra alternativa de comunicação e/ou de solução de problemas que as substitua.

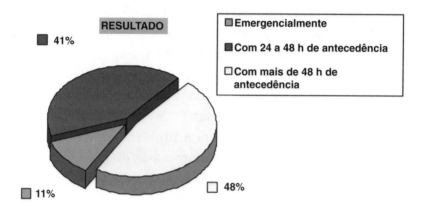

GRÁFICO 4 Antecedência com que as reuniões são convocadas

Com que freqüência você realiza ou participa de reuniões de trabalho em sua empresa? Confirmando a importância que os administradores atribuem às reuniões gerenciais, percebe-se, nesta indagação, que semanalmente quase metade desses profissionais estão envolvidos em reuniões, seja uma a duas vezes por semana (31%) ou até quatro vezes na semana (18%). Vale destacar ainda que uma outra parcela significativa (21%) entre os respondentes afirma que realiza reuniões de trabalho apenas uma vez por mês, e que outros 18% fazem suas reuniões de duas a três vezes no mês, o que pode ser um indício da crescente inserção das tecnologias de informação nos ambientes de trabalho ou da propagação da relação de trabalho do tipo *home-office* entre a categoria.

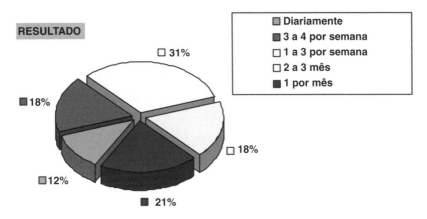

GRÁFICO 5 Freqüência com que ocorrem as reuniões de trabalho

Qual o tempo médio dessas reuniões? A otimização do tempo, considerando-se o seu valor em um ambiente competitivo como o empresarial, parece ser uma grande preocupação dos administradores que, em sua maioria absoluta (59%), despendem no máximo duas horas de suas jornadas em cada reunião, enquanto 28% dos que participaram desta enquete levam de duas a três horas nesses encontros. Por outro lado, são escassas (3%) as reuniões em que se despende mais de quatro horas, enquanto, *contrario sensu*, são poucas (10%) as reuniões em que se esgota a discussão em menos de uma hora.

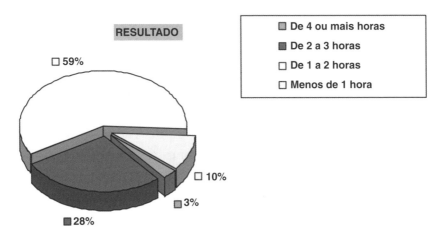

GRÁFICO 6 Tempo médio de duração das reuniões

Essas reuniões, via de regra, são (de que tipo): (nesta resposta se permitiu a marcação de um ou dois itens). Metade das reuniões das quais os administradores tomam parte tem caráter deliberativo (50%), envolvendo planejamento e avaliação de resultados, o que eleva a importância desse fórum para a categoria, já que tais situações exigem desses profissionais uma boa dose de concentração e de acerto na tomada de decisões. A seguir vêm as reuniões informativas (25%), em que a comunicação se sobressai como uma importante ferramenta, as de negociação (18%), que exigem capacidade de diálogo, e, por último, as de *brainstorming* (7%), em que se espera por criatividade e idéias inovadoras.

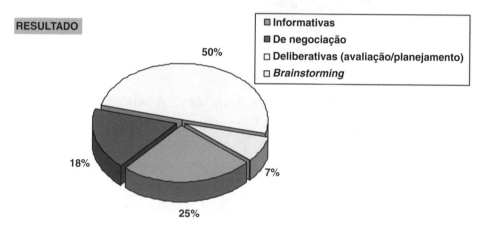

GRÁFICO 7 Tipologia das reuniões

Geralmente essas reuniões ocorrem no nível de (nesta resposta se permitiu a marcação de 1 ou 2 itens): As respostas atestam a heterogeneidade da amostra pesquisada, apontando administradores distribuídos em todos os itens pesquisados, o que era de se esperar dada a capilaridade e sua capacidade de interagir com os diferentes níveis organizacionais: estratégico, tático e operacional. As reuniões intersetoriais (26%), em especial, exigem dos administradores: capacidade de inter-relacionamento, visão holística da empresa, facilidade de comunicação, liderança e habilidade no diagnóstico e na tomada de decisões que atendam às expectativas organizacionais.

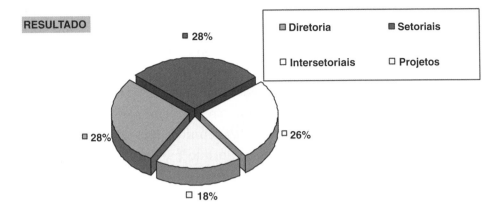

GRÁFICO 8 Nível hierárquico das reuniões

Quantas pessoas, em média, participam das reuniões em que você está presente? O resultado desta questão surpreende, dada a quantidade de pessoas envolvidas na maioria das reuniões realizadas pelos administradores ou das quais eles tomam parte: 30% das reuniões têm mais de oito pessoas envolvidas, e 27% têm de seis a sete participantes, o que é, neste último caso, considerado razoável pelos especialistas. No entanto, em 33% das reuniões se tem de quatro a cinco participantes, e em apenas 10% dos encontros a equipe se restringe a dois ou três participantes. O resultado sugere que o administrador é um elemento agregador que busca realizar, através da participação mais ampla de outros elementos da organização, as interseções necessárias ao entendimento e ao atendimento dos objetivos gerais das empresas.

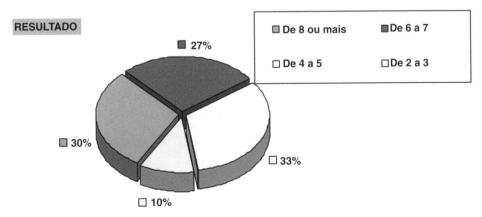

GRÁFICO 9 Quantidade de participantes nas reuniões

Todas as pessoas presentes à reunião participam *ativamente* da reunião? Observa-se que ¾ dos participantes convidados para as reuniões não têm participação ativa no seu desenvolvimento, seja por omissão ou porque não deveriam ter sido convidados para essas reuniões. A falha pode ser de quem os convidou, desnecessariamente, o que acaba gerando desperdício de recursos para as empresas. Apenas 25% das pessoas participam ativamente das reuniões nas quais os administradores consultados estão presentes, o que parece ser um indicador preocupante quando se pensa em administração do tempo, integração e trabalho em equipe constante.

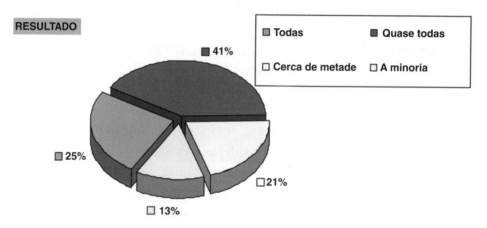

Gráfico 10 Participações nas reuniões

A agenda (pauta) da reunião é *previamente distribuída*? Configura-se aqui, *a priori,* mais um fato que contribui para a depreciação das reuniões nos ambientes organizacionais. Em apenas 16% dos casos os administradores – promotores ou convidados das reuniões – têm conhecimento prévio dos assuntos que serão discutidos, o que facilitaria um diálogo produtivo no decorrer do encontro. Além disso, em 44% das ocorrências a pauta quase nunca ou nunca é distribuída previamente, alijando os participantes de uma preparação adequada.

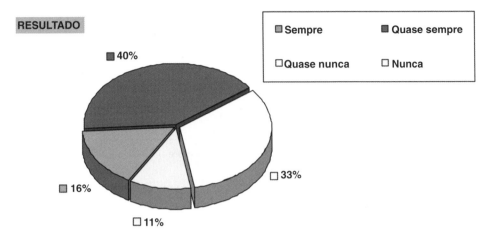

GRÁFICO 11 Distribuição da agenda antes da reunião

A agenda (pauta) da reunião é *rigorosamente obedecida*? Nesta questão já se encontra uma resposta mais adequada ao desenvolvimento e à obtenção de reuniões produtivas. Toda a agenda (26%), ou a maior parte dela (51%), é seguida no decurso da reunião, numa demonstração de disciplina e compromisso com os objetivos traçados. Por outro lado, em 19% das situações cerca de metade da agenda é obedecida, e em somente 4% das reuniões a pauta é praticamente abandonada, o que por certo desencadeia uma série de transtornos que comprometem o resultado final esperado.

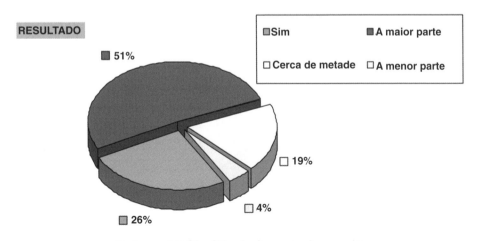

GRÁFICO 12 Obediência à pauta da reunião

Há o registro sistemático (ata) do andamento da reunião? O *follow-up* será facilitado na medida em que algum dos participantes, ou o próprio coordenador do encontro, tiver realizado o registro em ata – ou minuta – das principais decisões, responsáveis, metas e prazos a serem observados. Nas reuniões dos administradores sempre (36%) ou quase sempre (32%) esse procedimento é observado. No entanto, ainda aparece um percentual significativo em que 32% das reuniões os registros não ocorram ou sejam esporádicos.

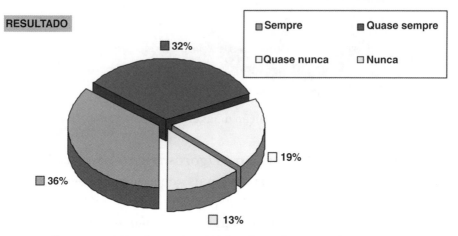

Gráfico 13 Registro sistemático do andamento da reunião

Os participantes têm competência *técnica* para a tomada de decisão final? Pode-se verificar que pessoas chaves sempre (34%) ou quase sempre (52%) estão presentes às reuniões em questão, o que facilita sobremaneira a tomada de decisão, já que fatalmente se terá acesso às informações necessárias ao debate e à discussão de alternativas. Observe-se, *contrario sensu*, que 13% dos presentes quase nunca têm competência técnica para contribuir com uma decisão final.

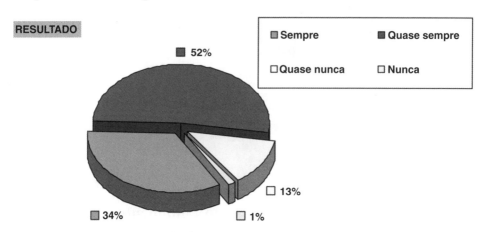

Gráfico 14 Autonomia técnica para a tomada de decisão

Os participantes têm competência *hierárquica* para a tomada de decisão? Como se pode verificar, a competência hierárquica, quando comparada com o indicador da "competência técnica", cuja indagação foi formulada na questão anterior, está quase no mesmo nível de presença. Quase sempre (45%) ou sempre (36%) os decisores finais estão presentes às reuniões, o que é fundamental para seu desenrolar e fechamento. Neste quesito, por outro lado, 19% dos respondentes afirmaram que as pessoas que teriam competência hierárquica para a tomada de decisão não estão presentes às reuniões. Ou seja, uma em cada cinco reuniões corre o rico de não chegar a uma conclusão final, já que os presentes carecem de autonomia para colocarem em prática aquilo que entendem como os melhores caminhos para a empresa.

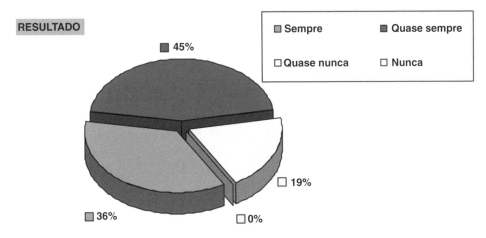

GRÁFICO 15 Autonomia hierárquica para a tomada de decisão

Há falta de ordenação na reunião, com pessoas falando ao mesmo tempo? Embora quase nunca (56%) ocorram conversas paralelas que perturbem o bom andamento das reuniões, deve-se destacar que as comunicações falham em aproximadamente 35% das reuniões, o que justifica sua baixa produtividade e a falta de entendimento entre as pessoas em aproximadamente 1/3 desses encontros de trabalho.

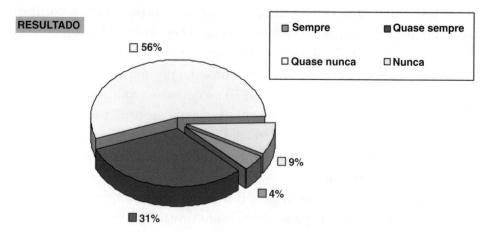

GRÁFICO 16 Disciplina dos participantes durante a reunião

Há necessidade de consultas externas a pessoas não presentes à reunião? Apenas em 15% das situações quase sempre se faz necessária a consulta externa a pessoas não presentes às reuniões, o que de certa forma valida o fato de que em algumas reuniões "quase nunca" se tem competência técnica (14%) ou hierárquica (19%) para a tomada de decisão.

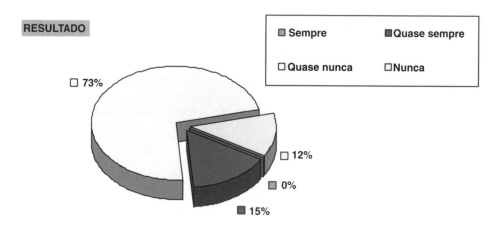

GRÁFICO 17 Consultas externas durante a reunião

Conflitos interpessoais surgem durante a reunião? Em somente 6% das reuniões, sob enfoque neste trabalho, não ocorrem os conflitos entre os profissionais presentes, ao passo que em apenas 7% delas os conflitos são constantes. Mas, na maioria dos casos, os conflitos quase nunca (65%) estão presentes. No entanto, trata-se de um outro aspecto comportamental com o qual devem se preocupar os administradores quando da convocação das equipes que tomarão parte de reuniões.

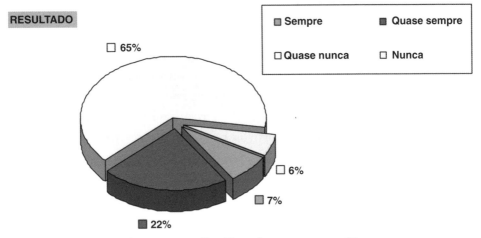

GRÁFICO 18 Conflitos durante a reunião

No caso da existência desses conflitos, eles são superados no decorrer da reunião? Os dados, aqui alentadores, são de que em 85% das situações de ocorrência de conflitos se busca chegar a um bom termo ainda durante ou ao final da reunião, o que pode significar que as discussões mais acaloradas em busca de soluções não revelam diferenças pessoais dentro da organização. No entanto, em 15% dos encontros de trabalho os conflitos não são solucionados tempestivamente, o que pode prejudicar o fluxo de informações, o trabalho em equipe e, portanto, o bom andamento da "máquina administrativa".

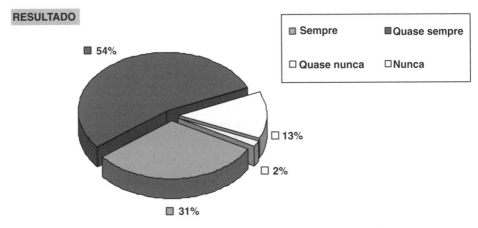

GRÁFICO 19 Resolução de conflitos durante a reunião

Há o registro dos itens de ação (o que, quem, quando) para o acompanhamento dos resultados após as reuniões? Pode-se inferir pelas repostas a esta questão que, embora as atas não sejam tão freqüentes para 32% dos respondentes, procura-se sempre (30%) ou quase sempre (47%) definir responsabilidades e prazos ao final da reunião, sinalizando para um acompanhamento do que ficou nelas decidido. Em outras reuniões, porém, quase nunca (14%) ou nunca (9%) se estabelecem tais parâmetros, dificultando o entendimento sobre "o que fazer", "quem fazer" e "em que prazo fazer". Tal anomalia gerará frustração pela ausência de resultados futuros e, certamente, fundará as bases para um clima de má vontade na participação em próximas reuniões desse tipo.

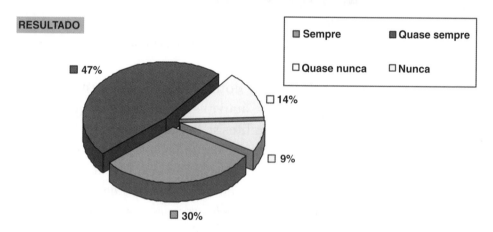

GRÁFICO 20 Registros durante a reunião

Há falta de clareza na definição das missões atribuídas a cada participante? Não parece ser muito significativo o percentual de reuniões nas quais as missões atribuídas a cada membro da equipe não tenham ficado claras. Somente em 20% das vezes as missões nunca ou quase nunca ficaram bem definidas, o que corrobora o resultado apresentado na questão anterior, em que em 22% das reuniões não são definidos os planos de ação.

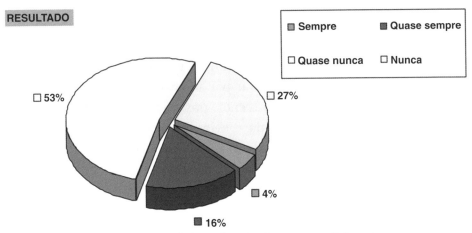

GRÁFICO 21 Definição de missões aos participantes

Há a avaliação, *a posteriori*, dos resultados da reunião (previsto × realizado)? Em relação aos acompanhamentos após a reunião, menos de 1/3 dos resultados passa "sempre" por esse *follow-up* o que é extremamente desejável. No entanto, em 36% das situações "quase sempre" há o *feedback*, e em 34% "quase nunca" ou "nunca" se checa o que foi decidido na reunião com aquilo que foi realizado até dado momento, o que também contribui para o descrédito de muitos em relação às reuniões, gerando desconfianças sobre sua efetividade.

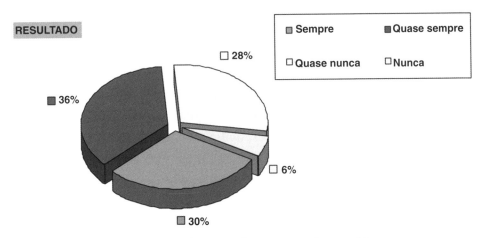

GRÁFICO 22 Acompanhamentos pós-reunião

Como os resultados da reunião são comunicados aos interessados? Aproximadamente metade (49%) dos administradores entrevistados afirma que o correio eletrônico (*e-mail*) já é o principal meio de comunicação para difusão dos resultados da reunião aos interessados, havendo ainda uma fração de 6% de administradores que se valem da intranet ou *site* da empresa para enviar ou receber essas comunicações. As comunicações verbais (26%) ou por meio impresso (13%) parecem estar perdendo espaço para as tecnologias da informação, que podem transmitir de forma mais rápida e atingir abrangentemente diversos segmentos das organizações, criando a integração desejada por meio de uma comunicação mais ágil e eficaz.

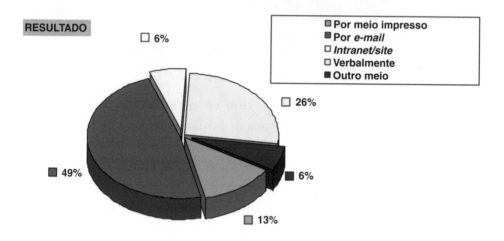

GRÁFICO 23 Comunicações dos resultados da reunião

A sua empresa dispõe de recursos tecnológicos para a troca de informações *internas* por meio eletrônico (*e-mails*, *intranet*, *groupware*, etc.)? Qual/Quais? A resposta anterior é sustentada pelo resultado desta questão, em que a grande maioria dos administradores afirma que suas empresas dispõem de tecnologias para a troca de informações internas, confirmando as estatísticas apresentadas na fundamentação teórica, que dão conta do rápido avanço que se observa nas práticas das empresas quanto ao uso cada vez maior dessas tecnologias.

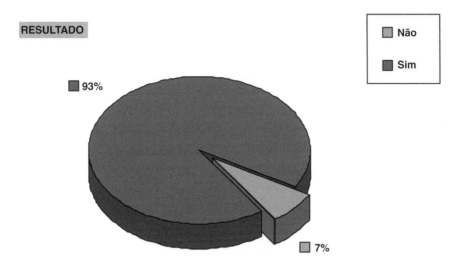

GRÁFICO 24 Comunicações internas por meios eletrônicos

Os instrumentos utilizados para essas comunicações virtuais são:

a. *E-mail* (correio eletrônico) – 48 citações

b. *Intranet* – 34

c. Rede de compartilhamento de arquivos – 03

d. Videoconferência – 02

e. *Internet* – 02

f. Tv corporativa (canal fechado); *groupware*; telefone; *Lotus Notes; Skype*; ICQ; MSM – 01 citação cada.

O correio eletrônico e a intranet são, portanto, os caminhos mais utilizados pelos administradores para estabelecerem suas comunicações internas nas empresas ou instituições onde atuam, sendo que 64% das respostas neste item vieram da área de serviços, 31% da indústria e 5% do comércio. Isso revela, ou confirma, que a categoria está acompanhando as evoluções tecnológicas e participa de forma representativa da grande rede que hoje interliga os profissionais dos mais variados ramos por todo o mundo.

A sua empresa (caso tenha filiais ou escritórios distantes) utiliza-se de recursos para realizar reuniões a distância? Qual/ Quais? Apesar do custo, em declínio, para a implantação de tecnologias que facilitam a troca de dados, som e imagens, simultaneamente e a distância, já é representativo o contingente de empresas (44%) que se valem desses recursos para contatos da matriz com suas filiais ou vice-versa. O uso dessa comunicação remota aproxima as equipes em torno de objetivos organizacionais comuns, facilitando a interação e reduzindo custos de treinamentos *in loco*, de deslocamentos e, sobretudo, de tempo.

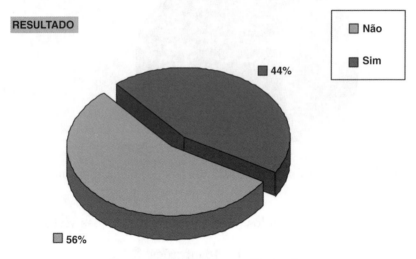

GRÁFICO 25 Reuniões a distância

Os instrumentos utilizados para essas reuniões virtuais são:

- Videoconferência – 16 citações
- *Conference call* (foneconferência) – 03
- *Skype* – 02
- *Intranet* – 02
- *E-mail* – 01

Percebe-se uma difusão da videoconferência, como ferramenta de aproximação, entre as empresas cujos escritórios e/ou filiais necessitam de uma comunicação constante, rápida e de baixo custo, levando-se em conta ainda que 60% dos administradores que apontaram esse recurso são do ramo industrial, onde o tempo e a agilidade são cada vez mais decisivos, e 40% são do setor de serviços.

Em caso de resposta positiva à pergunta anterior, o uso de tecnologias para comunicação a distância melhorou a administração do tempo e o processo decisório? Como se pode observar pelo gráfico seguinte, a introdução de tecnologias para a comunicação a distância tem facilitado enormemente a administração do tempo, as comunicações e o processo decisório dos administradores, na medida em que 86% deles afirmam que seus desempenhos melhoraram a partir do uso intensivo dessas ferramentas.

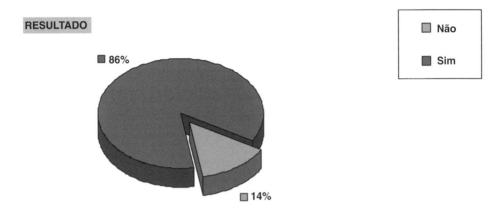

GRÁFICO 26 Reuniões a distância × produtividade

Em sua opinião, a disseminação de recursos de tecnologia da informação – como o correio eletrônico/*e-mail* – contribuiu para a redução da demanda por reuniões presenciais? Seguindo a mesma tendência, e confirmando a hipótese levantada no escopo desta dissertação, mais de 2/3 dos administradores que participaram da pesquisa admitem que suas reuniões presenciais têm ficado menos freqüentes quando passam a se valer dos recursos de interação por uso intensivo de correios eletrônicos ou *intranet*. A redução do número de reuniões presenciais realizadas periodicamente libera os administradores para outras tarefas, incluindo os contatos virtuais com suas equipes. Inúmeros pontos que antes eram abordados apenas em reuniões presenciais ou através de contatos telefônicos dispendiosos passaram a ser respondidos imediatamente através da troca de mensagens curtas e objetivas em tempo real. Apenas 26% dos administradores (já excluindo os 7% que não dispõem de *e-mails* em suas empresas ou locais e trabalho) ainda não têm essa certeza ou percepção das mudanças que as tecnologias da informação estão causando nas rotinas de trabalho.

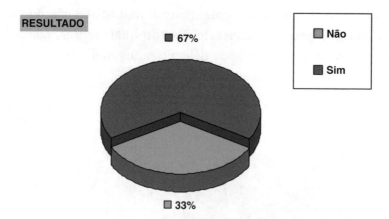

GRÁFICO 27 Reuniões produtivas x tecnologias da informação

Que nota média, de 1 (ruins) a 5 (ótimas), você daria para as reuniões das quais *você participa*, dentro ou fora de sua empresa? Apesar da importância que os administradores unanimemente atribuem às reuniões, há uma parcela que considera deficientes (7%) ou relativamente deficientes (39%) as reuniões das quais participa como convidada. Em contrapartida, a maioria dos administradores considera boas (48%) ou ótimas (7%) as reuniões presenciais para as quais são convocados.

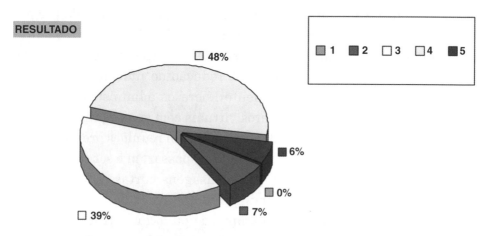

GRÁFICO 28 Avaliação das reuniões como participantes

Que nota média, de 1 (ruins) a 5 (ótimas), você daria para as reuniões que *você coordena*? Já quando assumem a coordenação dessas reuniões pode-se inferir, pelos resultados registrados nesta questão, que os administradores percebem um melhor resultado nesses encontros de trabalho, chegando a 61% os que julgam suas reuniões boas e 9% os que consideram ótimas as reuniões que coordenam. Apenas 2% reprovam as reuniões que são realizadas sob suas coordenações.

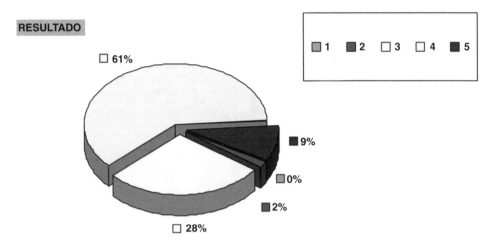

Gráfico 29 Avaliação das reuniões como condutores

Marque abaixo (até 5 itens) o que mais o *preocupa* quando participa de reuniões: Dentre as opções de resposta oferecidas aos administradores pesquisados, as maiores preocupações deles quando participam de reuniões presenciais são: desvio do assunto principal (44 respostas), falta de objetividade dos participantes (38 respostas), poucos resultados após as reuniões (31 respostas), conversas paralelas (28 respostas) e o tempo gasto nas reuniões (25 respostas). Percebe-se uma relação de causa e efeito nos problemas apontados pelos administradores. Ou seja, a falta de objetividade dos interventores conduz às conversas paralelas que, por sua vez, geram o desvio do assunto principal, fazendo com que o tempo despendido em reuniões fique além do que se esperava e os resultados aquém dos desejados. Em uma segunda escala de preocupação constam a falta de condução adequada (22) e os conflitos interpessoais (21), que também poderiam fazer parte da problemática anterior, além da desnecessidade da reunião (18), implicando o desperdício de tempo e de outros recursos, e a ausência de pessoas chaves na reunião (17), o que prejudicaria a discussão e a tomada de decisão final. Entre as preocupações menos citadas estão o "número de participantes" e o "excesso de dados e informações" na reunião (ambos com apenas quatro citações). Isso pode ser interpretado como o desejo dos administradores de contarem, nas reuniões, com o maior número de informações possíveis para a construção de cenários, elaboração de alternativas e de soluções abrangentes de interesse geral, principalmente visando ao momento das tomadas de decisões.

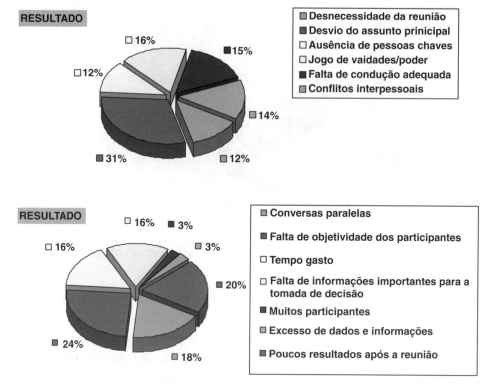

GRÁFICOS 30 E 31 O que mais preocupa durante as reuniões

Marque abaixo (até 5 itens) o que mais lhe *interessa* quando participa de reuniões: Por sua vez, o que os administradores buscam com maior freqüência nas reuniões presenciais são resoluções de problemas (54 respostas), troca de informações (50 respostas), tomada de decisão (43 respostas) e idéias inovadoras (39 respostas), o que de certa forma representa objetivos afins e complementares no contexto do desempenho gerencial desses profissionais. Numa posição intermediária à indagação feita nesta questão, aparecem a sinergia (24), o aprendizado (22) e a integração departamental (20) como interesses também almejados durante as reuniões, embora não prioritariamente. Não desprezíveis, a solução de conflitos (17 respostas) e a convergência de procedimentos (19 respostas) são as preocupações menos citadas, podendo significar uma reação dos administradores à padronização de idéias e à conformidade nos processos administrativos, já que o conflito poderá ser sadio quando bem administrado.

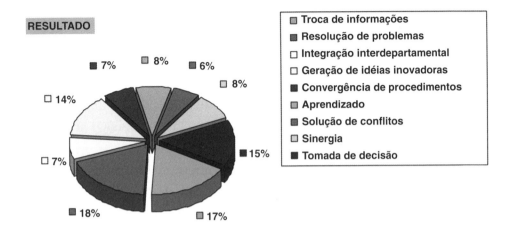

GRÁFICO 32 O que mais interessa durante as reuniões

Ao final da apresentação dos resultados desta pesquisa, e das inferências realizadas, fica evidente a importância que os administradores atribuem às reuniões de trabalho, e passou-se a conhecer um pouco mais sobre algumas das características dessas instâncias deliberativas, como, por exemplo, sua freqüência, número médio de participantes, duração, comportamentos e utilização das tecnologias da informação que apóiam esses encontros.

Fica claro ainda a utilidade dos *e-mails* na distribuição da ata e nas comunicações dos resultados obtidos ao final das reuniões, e que essas ferramentas têm contribuído para a otimização das comunicações intergrupais, o que, por sua vez acaba por melhorar o fluxo de informações, diminuir a necessidade de reuniões freqüentes e tornar mais produtivas as que são realizadas.

CONCLUSÃO DA PESQUISA

Obteve-se resultado expressivo quando 100% dos administradores respondentes à pesquisa afirmaram que consideram as reuniões de trabalho como importantes recursos gerenciais para a condução de seus negócios. Esses profissionais buscam nas reuniões oportunidades para a resolução de problemas organizacionais, troca de informações, momentos para tomadas de decisão e idéias inovadoras, entre outros benefícios.

Como se tentou mostrar, o fenômeno da proliferação de tecnologias da informação atinge de forma cada vez mais intensa as comunicações intra e interorganizacionais, o que vem causando uma revolução sem precedentes nos processos administrativos, embora muitas vezes isso esteja ocorrendo de forma mais ou menos desorganizada. Percebe-se que as interações por meio de correios eletrônicos (*e-mails*) ou *intranet* ainda não encontram padrões ou regras de utilização claramente definidas pelas empresas, o que dificulta a adoção dessas tecnologias de uma maneira totalmente eficaz.

A hipótese levantada de início foi plenamente confirmada, uma vez que mais de 2/3 dos administradores que participaram da pesquisa admitem que suas reuniões presenciais têm ficado menos freqüentes quando passam a se valer dos recursos de interação por uso intensivo de correios eletrônicos ou *intranet*. A redução do número de reuniões presenciais realizadas periodicamente libera os administradores para outras tarefas, incluindo os contatos virtuais com suas equipes. Inúmeros pontos que antes eram abordados apenas em reuniões presenciais ou através de contatos telefônicos dispendiosos passaram a ser respondidos imediatamente através da troca de mensagens curtas e objetivas em tempo real. Apenas 26% dos administradores (já excluindo os 7% que não dispõem de *e-mails* em suas empresas ou locais e trabalho) ainda não têm essa certeza ou percepção das mudanças que as tecnologias da informação estão causando nas rotinas de trabalho.

A grande maioria dos administradores afirma ainda que as empresas onde trabalham dispõem de tecnologias para a troca de informações internas, confirmando as estatísticas apresentadas na fundamentação teórica, que dão conta do rápido avanço que se observa nas práticas das empresas quanto ao uso cada vez maior dessas tecnologias. O correio eletrônico e a *intranet* são os caminhos mais utilizados pelos administradores para estabelecerem suas comunicações internas nas empresas ou instituições onde atuam, sendo que 64% das respostas neste item vieram da área de serviços, 31% da indústria e 5% do comércio. Isso atesta que a categoria está acompanhando as evoluções tecnológicas e de forma representativa participa da grande rede que hoje interliga os profissionais dos mais variados ramos por todo o mundo.

Tais ferramentas estão postas, talvez ainda merecendo aperfeiçoamentos, mas prontas para uso, em benefício dos objetivos individuais e organizacionais, em função da otimização do tempo, da produtividade, das comunicações, dos processos decisórios, entre uma série de outros benefícios que elas propiciam ou têm potencial para propiciar.

Já o emprego da tecnologia A, B ou C em cada empresa para a otimização de suas reuniões variará em razão do fim a que se destina o contato, a mensagem ou dependerá até mesmo da tipologia ou da agenda da reunião que se deseja realizar.

Portanto, não se deve afirmar qual o melhor instrumento para essa interatividade, mas sim que os administradores devem saber qual ferramenta deverá ser empregada em cada situação com que se defrontarem no seu dia-a-dia.

No caso do presente estudo buscou-se identificar as características das reuniões das quais os administradores tomam parte e as tecnologias que vêm em auxílio desse fenômeno organizacional tão comum e muitas vezes negligenciado pelo seu uso indevido e descontrolado.

Percebeu-se pela pesquisa desenvolvida que as reuniões gerenciais são de fato importantes para os administradores, quais os recursos que estão à disposição desses profissionais e qual o seu grau de satisfação ou insatisfação com esses encontros de trabalho. Quanto aos citados recursos, observou-se que as tecnologias da informação podem e devem socorrer os profissionais de gestão, tornando as reuniões suas aliadas no trabalho diuturno, seja de forma presencial ou virtual, cujo leque de opções se procurou apresentar neste trabalho.

Verificou-se que os *e-mails* (correios eletrônicos) têm sido utilizados como meio de comunicação por 93% dos profissionais entrevistados e que esses recursos, dentre outros, como a videoconferência, têm contribuído bastante para a redução das reuniões presenciais na opinião de 67% dos administradores que participaram da pesquisa.

Assim, através de comunicações bem planejadas e do uso de tecnologias adequadas o administrador poderá planejar, organizar, coordenar, dirigir e controlar as reuniões de trabalho de uma forma muito mais eficiente, eficaz e efetiva.

Quanto aos fatores que de certa forma ainda parecem merecer mais atenção por parte dos gestores, para melhorar seus desempenhos profissionais, pode-se destacar: a necessidade de convocação de reuniões com mais antecedência, bem como a distribuição da agenda para que todos se preparem adequadamente; a quantidade de pessoas presentes às reuniões, o que pode significar a presença de pessoas que nem sempre contribuem com a reunião.

Igualmente preocupam, conforme denunciado pelos pesquisados, vícios como: desvio do assunto principal por parte dos integrantes das reuniões; falta de objetividade nos debates; conversas paralelas durante as reuniões e poucos resultados obtidos após as reuniões, o que acaba representando desperdício de tempo.

Curiosamente, não se perceberam flagrantes anomalias nas reuniões realizadas pelos cinco administradores que responderam não possuir *e-mails* em suas empresas, o que pode ser explicado pelo fato de serem quatro pequenas empresas e uma média empresa, portanto com baixo número de empregados, maior integração por outros canais de comunicação tradicionais e profissionalismo em suas relações.

Sugere-se que a presente pesquisa seja replicada em outras regiões do Brasil, dividida por segmentos específicos da economia, em meios acadêmicos e junto a outros profissionais que atuam no contexto empresarial. A partir daí serão possíveis comparações, construções de novos indicadores, medições quanto à evolução do comportamento e outras ilações não realizadas até o momento.

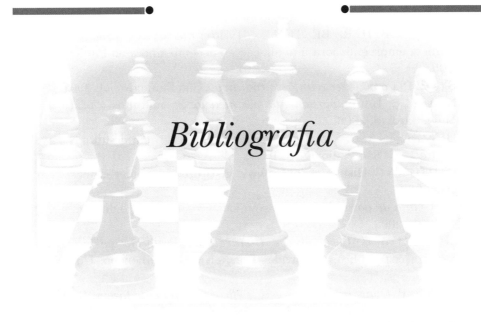

Bibliografia

AGUIAR, M. A. F. *Psicologia aplicada à administração*: uma abordagem interdisciplinar. São Paulo: Saraiva, 2005.

ANDRADE, A. R. de. *O fluxo de informação e a eficiência operacional das organizações*: um ensaio sob a perspectiva da tecnologia da informação. In: Seget – Simpósio de Gestão e Tecnologia, 2004, Resende/RJ, Anais do Seget. Rio de Janeiro: AEDB, 2004.

ANDRADE, R. O. B.; ALYRIO, R. D.; MACEDO, M. A. da S. *Princípios de negociação*: ferramentas e gestão. São Paulo: Atlas, 2004.

ARANHA, A. Socorro! não agüento mais fazer tanta coisa ao mesmo tempo! *Época*. São Paulo, nº 406, p. 52-60, 27 fev. 2006.

BAUER, R. *Gestão da mudança*: caos e complexidade nas organizações. São Paulo: Atlas, 1999.

BAZERMAN, M. H. *Processo decisório*: para cursos de administração e economia. Rio de Janeiro: Elsevier, 2004.

BITTENCOURT, F. *Gerando reuniões produtivas*. Disponível em: <www.institutoimvc.com.br>. Acesso em: 17 fev. 2005.

CHIAVENATO, I. *Comportamento organizacional*: a dinâmica do sucesso das organizações. 2. ed. Rio de Janeiro: Elsevier, 2005.

COHEN, A. R.; FINK, S. *Comportamento organizacional*: conceitos e estudos de caso. Rio de Janeiro: Campus, 2003.

COSTA, N. P. da. *A variável ouvir no processo de comunicação*. Caderno de Administração & Negócios. Rio de Janeiro, edição 1, ano 1, nº 1, 2005.

CROCCO, L.; GUTTMANN, E. *Consultoria empresarial*. São Paulo: Saraiva, 2005.

DAFT, R. *Administração*. São Paulo: Pioneira Thomson Learning, 2005.

DALLEDONNE, J. *Negociação, uma visão totalizante*. Niterói: Impetus, 2004.

Bibliografia

DAVEL, E.; MELO, M. C. de O. L. de. *Gerência em ação*: singularidades e dilemas do trabalho gerencial. Rio de Janeiro: FGV, 2005.

FERNANDES, B. H. R.; BERTON, L. H. *Administração estratégica*: da competência empreendedora à avaliação de desempenho. São Paulo: Saraiva, 2005.

FORSYTH, P. *Como fazer reuniões produtivas*. São Paulo: Nobel, 2001.

FRANÇA, A. C. L. *Comportamento organizacional*: conceitos e práticas. São Paulo: Saraiva, 2006.

JUNQUEIRA, L. A. C. *Tempo do executivo*: um programa de autodesenvolvimento. 7. ed. São Paulo: OPC, 1994.

INSTITUTO MVC. Disponível em: <www.institutomvc.com.br>. Acesso em: 17 fev. 2005.

KAYE, S. *Guia de bolso do gerente*: reuniões produtivas. Rio de Janeiro: Qualitymark, 2002.

KINCHESCKI, J. C. *Cerimonial – Hierarquia – Protocolo*: para eventos de organizações públicas e privadas brasileiras. Florianópolis: Udesc/Cepec, 2002.

KOTTER, J. P. *O que os gerentes gerais eficazes realmente fazem*. In: Harvard Business Review. *Gerência de alta performance*. Rio de Janeiro: Elsevier, 2003. p. 64-66.

LAUDON, K. C.; LAUDON, J. P. *Sistemas de informação gerenciais*: administrando a empresa digital. São Paulo: Prentice Hall, 2004.

LEVY, P. *A inteligência coletiva*. São Paulo: Loyola, 1998.

MONTENEGRO, E. *Desafios gerenciais:* como pensar, decidir e agir estrategicamente. Rio de Janeiro: Impetus, 2003.

ONAGA, M. Por que trabalhamos tanto. *Exame*. São Paulo, edição 859, ano 40, p. 22-28, 18 jan. 2006.

PARKINSON, C. N. *A lei de Parkinson*. São Paulo. E. M. Guazzelli, 1966.

QUINN, R. F. et al. *Competências gerenciais*: princípios e aplicações. Rio de Janeiro: Elsevier, 2003.

ROBBINS, S. P. *Comportamento organizacional*. 9. ed. São Paulo: Prentice Hall, 2002.

SANTOS, D. Fortes da Internet. Revista *PCWORLD*. São Paulo, nº 155, p. 14, jun. 2005.

SILVEIRA NETO, F. H. *Outra reunião*? Teoria e prática para a realização de reuniões eficazes. 4. ed. Rio de Janeiro: COP, 1994.

SNAIR, S. *Chega de reunião*: menos conversa, mais ação. Rio de Janeiro: Campus, 2003.

SOTO, E. *Comportamento organizacional*: o impacto das emoções. São Paulo: Pioneira Thomson Learning, 2002.

VERGARA, S. C. *Gerindo habilidades e competências*. Apostila da FGV Executivo JR. Módulo 3. Rio de Janeiro, out. 2005.